Horst Pillau – Wir lernen Ihnen deutsch!

Horst Pillau

Wir lernen Ihnen deutsch!

Über Jugenddeutsch, Kiezdeutsch, Beamtendeutsch, Ausländerdeutsch, Aphorismen, Spontisprüche, irre Gebrauchsanweisungen, Kinderdeutsch, Lesen und Schreiben, Theater und Literatur und anderen Seltsamkeiten unserer Sprache

mit Karikaturen von Roland Beier

hendrik **Bäßler** verlag · berlin

Meinem Verleger Hendrik Bäßler mit Dank für gute Zusammenarbeit und hilfreiche Betreuung zugeeignet.

Die Deutsche Nationalbibliothek verzeichnet diese Publikation in der deutschen Nationalbibliografie; detaillierte Daten sind im Internet unter http://dnb.ddb.de abrufbar.

Fon: 030.24085856 · Fax: 030.2492653
E-mail: info@baesslerverlag.de · Internet: www.baesslerverlag.de
1. Auflage 2012

Titelzeichnung und Illustrationen: Roland Beier · Berlin
Satz und Umschlaggestaltung: Hendrik Bäßler · Berlin
Druck und Verarbeitung: TZ-Verlag & Print GmbH · Roßdorf

ISBN 978-3-930388-77-6

SIE MIASSEN MIT DIE KINDER LERNEN!

Der Titel dieses Buches täuscht, es geht hier keineswegs um Migrantenschelte. Nein, kein *Sichlustigmachen* über andere Mitbürger zur Erheiterung derer, die glauben, besser zu sprechen als die, die *neu* bei uns sind. Die Gefahr kommt auch von innen. Wir alle sprechen kein perfektes Deutsch. Selbst diejenigen, die uns die Sprache *lehren* wollen, versündigen sich oft an ihr. Auslöser dieser Gedanken und Notizen war ein deprimierendes Ereignis bei der Einschulung unserer sechsjährigen Tochter, das war 1975, im Münchener Vorort Neukeferloh. Erster Elternabend, die Lehrerin mahnt dringlich, zu den Fortschritten der Kinder beizutragen und ruft uns Eltern zu:

Sie miassen mit die Kinder lernen, lernen, lernen!

Falsches Deutsch, das zu richtigem Deutsch auffordert, ist weithin verbreitet. Schon in den 1970ern gab es ein Buch: *Wir müssen den Kindern mehr Deutsch lernen*, ein bekannter Schlager der Zwanzigerjahre hieß: *Ach Ernst, ach Ernst, was Du mir alles lernst!* Und es war Edmund Stoiber – ja genau der – der energisch von der Bildungspolitik verlangt hatte: *Wir müssen den Kindern mehr Deutsch lernen!*

Mangelhaftes und lieblos oder falsch gesprochenes Deutsch kommt aber am wenigsten von Ausländern. Ihre Sprachen haben sich über die Jahrhunderte längst bei uns eingenistet und sind ein oft unentbehrlicher Teil unserer Sprache geworden, vielfach merken wir das gar nicht mehr und machen einen selbstverständlichen Gebrauch davon.

UNSERE VORFAHREN WAREN AUSLÄNDER

Warum nur fühlen wir uns dermaßen vom ausländischen Einfluss auf die deutsche Sprache bedroht? Was lässt uns zusammenzucken, wenn wir nicht-deutsche Begriffe hören? Unsere Sprache ist ja längst schon durchdrungen davon.

Carl Zuckmayer, kraftvoller und lebenslustiger Autor des vergangenen Jahrhunderts, spricht in seinem Stück *Des Teufels General* durch die Hauptperson General Harras zu uns. Er erklärt dem jungen Leutnant Hartmann dessen Ahnenreihe:

Da kam ein griechischer Arzt ... oder ein keltischer Legionär, ein Graubündner Landsknecht, ein schwedischer Reiter ein Soldat Napoleons, ein desertierter Kosak, ein Schwarzwälder Flößer, ein wandernder Müllerbursch vom Elsaß, ein dicker Schiffer aus Holland, ein Magyar, ein Pandur, ein Offizier aus Wien, ein französischer Schauspieler, ein böhmischer Musikant ...

Und das alles habe am Rhein gelebt, gerauft, gesoffen und gesungen und Kinder gezeugt. *Seien Sie stolz darauf,* ruft Harras *und hängen Sie die Papiere Ihrer Großmutter in den Abtritt.*

Ja, alle, die aus anderen Ländern über Deutschland *hereingebrochen sind*, bereichern uns auch. Nur Germanen – das wäre schrecklich. All die, die Zuckmayer hier aufgezählt hat, haben uns deutsch gelehrt, sozusagen. Es ist weder richtig noch förderlich, wenn der Fraktionsvorsitzende der CDU, Volker Kauder, stolz verkündet:

In Europa wird wieder deutsch gesprochen!

Wir Deutsche sind heute nun wirklich keine Nationalisten mehr, zumindest die meisten von uns. Wir können uns ungehindert und ohne Reisepass zwischen der Ukraine und Portugal bewegen, die Bundeswehr wird verkleinert, wir haben keine Majestät mehr – keinen Wilhelm Zwo, für den die Kriegsflotte das Wichtigste auf der Welt war. Die Deutschen sind friedlich, Fußballfans und Weltmeister im Reisen. Sie bevorzugen Riesenurlaubsdampfer mit bis zu viertausend Erholungsuchenden. Bald werden auf einem einzigen Schiff – ein Albtraum, den ich nachts manchmal durchlebe – vielleicht bis zu achttausend Fahrgäste Platz haben. Und da mischt sich so manches.

WAS MAN MIT SPRACHE BEWEGEN KANN

Sawsan Chebli im ZEITMAGAZIN: *Ich begriff, wie viel man mit Sprache bewegen kann, was für ein mächtiges Werkzeug sie ist. Ich erlebte, wie Wissen mich stark und unabhängig macht.*

WENN MAN IN DER BÖLLETASCHE WOHNT

Vor allem der Berliner spricht viel mehr Französisch als er glaubt, wenn er darüber nachdenkt. Ja, richtig gelesen! *Ewald Harndt*, ein Mediziner, hat das schon in den Fünfziger Jahren festgestellt. In seinem Büchlein *Französisch im Berliner Jargon* hat er alle Worte aufgezählt, die sich bei uns eingebürgert haben, von a wie adrett, c wie charmant, g wie galant und so weiter … Lesen Sie doch einmal selbst darin! Das schmale Buch von 71 Seiten hat meine Buchhändlerin nicht einmal bestellen müssen – es lag schon in der soundsovielten Auflage im Regal bereit. Eine Kostprobe gefällig:

Wenn man in der Bölletasche *wohnt, gehört er zum* Bongtong oder *Immer* pö a pö, *es muß alles seine jehörichte* Konfusion *haben* oder *Tach, Nante,* comment, *wie jeht et dir? Du befindest dir doch noch?* Toujour, *immer* passablement.

Aber nicht nur das Französische steckt im Deutschen, auch andere Sprachen haben sich längst bei uns festgesetzt, zum Beispiel das Hebräische und das Jiddische.

ALLE DEUTSCHEN FRAUEN HEISSEN BRUNHILDE

Meine Frau hat den schönen Namen Susanne, beliebt war der auch in der Zeit, in der die Nazis alles Nicht-Arische verteufelten und ausrotteten. Susanne kommt aber aus dem Hebräischen und heißt *Lilie*.

Das können der Führer und seine Gefolgsleute nicht gewusst haben, alle miteinander nicht. Wenn das raus gekommen wäre! Der Führer hätte angeordnet:

„Der Name Susanne ist ab sofort verboten! Befehle hiermit, dass alle deutschen Susannen einen guten deutschen Namen bekommen! Sagen wir ... Anna!"

„Zu Befehl, mein Führer. Gebe nur zu bedenken, dass auch Anna Jüdisch ist."

„Blödsinn!"

„Doch ... leider ... Anna kommt aus dem Hebräischen und heißt Gnade, Anmut ..."

„So. So. Scheußlich. Befehle, dass alle deutschen Frauen *Brunhilde* heißen."

Brunhilde oder Brünhilde, das ist die, die in der Brünne kämpft, also im Panzerhemd, und die ist arisch.

EINE LEKTION HEBRÄISCH

Auch sehr unterschiedliche Sprachen haben Verbindendes. In Tel Aviv war ich im Theater und habe ein Stück auf *iwrit* gesehen – dem modernen Hebräisch, das auch Worte für Atomkraftwerk und Computer kennt und neben Arabisch, die Amtssprache in Israel ist – und trotzdem eine Menge verstanden. Da wir gerade beim Arabischen sind: Wie *Josef Joffe* im *Tagesspiegel* schreibt, haben wir eine ganze Reihe arabischer Wörter ins Deutsche übernommen, von Arsenal und Admiral bis zu Tarif und Ziffer, vom Treibstoff Öl mal ganz abgesehen. Inzwischen kennen wir aber auch *Döner*, *Falafel* und *Rai*-Musik sehr gut.

Hebräisch und jiddisch sind gar nicht so schwer!

Was uns lange Jahrzehnte gequält hat,
es hat von der übrigen Welt uns getrennt,
was Berlin so lange gefehlt hat:
das jüdische Element!
Die Juden: Bestandteil unsrer Kultur,
Bestandteil? Sie machten sie aus!
Aber sie kommen. Sind da. Und ich wünschte mir nur,
sie wären hier endlich wieder zu Haus!
Ich red an Tinnef, ich maloche,
ich sag aus Daffke und hab ne Mischpoche,
Und wenn man abnibbelt, kommen die Erben,
Abnibbeln heißt nämlich welken, und sterben.
Das jüdische Element, Berlin verlor es,
man hat manchmal Massel, oft aber auch Zores.
Und glauben Sie, daß „Doof" Berlinisch wär?
Nee, Doof ist Hebräisch, denn Dov ist der Bär!
Wir sprechen Hebräisch, na bitte sehr –
Hebräisch und Jiddisch sind gar nicht so schwer!
Sie vertraten Theater und Dichtung,
sie gaben den Ton an in der Musik,
sie fielen anheim der Vernichtung
im antisemitischen Krieg.
Und waren doch in unsrer Suppe das Salz.
Sie hatten den Witz und den Geist.
Und deshalb lerne ich jedenfalls
was Rebbach und Nebbich und Tacheles heißt.

Die Kirche, die jüdische, heißt Synagoge,
Und Äugelach heißt auf Berlinisch Det Ooge.
Und man lernt aus dem Alltag ganz leicht, peu a peu,
Und die Fluglinie heißt El Al, in die Höh!
Das Grüßen ist einfach, der Gruß heißt Schalom,
und in Mea Shearim, da ist man sehr fromm.
Und Ganeff: ein Gauner, ein Betuchter wird reich sein,
und wer Bammel hat, dem wern die Knie vor Angst weich sein.
Wir sprechen Hebräisch, na bitte sehr,
Hebräisch und jiddisch sind gar nicht so schwer!

DER KORAN HAT 114 SUREN

Wer meint, der Islam gehöre nicht zu Deutschland, übersieht eine Kleinigkeit, nämlich knapp vier Millionen Muslime, die hier leben und arbeiten. Wer bei uns lebt, ist da und gehört somit dazu.

Alle 114 Suren des Koran beginnen mit den tröstlichen Worten: *Im Namen Allahs, des Gnädigen, des Barmherzigen.* In der 73. Sure heißt es: *Wir glauben nicht, was ihr glaubt und ihr glaubt nicht, was wir glauben. Aber wir glauben, was wir glauben und ihr glaubt, was ihr glaubt.* Das klingt doch tolerant und gut.

Sawsan Chebli, 33, geboren in Berlin, Grundsatzreferentin beim Innensenator für interkulturelle Angelegenheiten, die Eltern Palästinenser, sagt im ZEITMAGAZIN: *Ich träume davon, dass wir als Muslime es schaffen, ein anderes Bild des Islams zu zeigen. Der Islam ist eine wunderschöne Religion. Was daraus gemacht wird, ist oft so häßlich. Jeder Muslim sollte sich als verantwortungsvolles Geschöpf Gottes verhalten. Wenn er das tut, kann er eigentlich nur Schönheit zeigen.*

Das sollte noch tausendfach gedruckt werden.

Cem Özdemir spricht fließend Deutsch, vielleicht mit einem leichten schwäbischem Dialekt. Und der Schauspieler Orhan Güner, der in meinem Stück *Auf der anderen Seite* in der Hamburger Komödie Winterhuder Fährhaus eine Hauptrolle gespielt hat, musste sich wohl Mühe geben, etwas türkischen Akzent in seiner Rolle anklingen zu lassen. Übrigens vermute ich, dass der grandiose englische Schauspieler, Regisseur und Autor Peter Ustinov hätte akzentfrei Deutsch sprechen können, wenn er denn gewollt hätte, ebenso Chris Howland, vormals prominenter Moderator und Quizmaster in Deutschland. Aber vielleicht wollten beide ihrem perfekten Deutsch nur eine amüsante angelsächsische Färbung beimischen.

SCHICKES CLUBLOKAL KARAWANSEREI

Anders die Informationen türkischer Lokale, Hotels, Reiseführer und Landkarten für Deutsche, von Fastdeutschen verfasst. Begeistert werben sie mit oft fehlerhaftem Deutsch für ihre Stadt oder ihr Etablissement. Über die Hafenstadt Kusadasi erfahren wir: *Der Name stammt ursprünglich Ausa der kleiner Taubeninsel; auf der sich eine gewowänische Festung befindet. Die Festung wurde als Verteidigungsanlage gegen Piraten gebaut und dient heute auch als Unterkunftort für Taubenvogeln. Im Stadtszentrum befindet sich die historische Karawanserei, Öküz Mehmet Pasa, die renovier wurde und als – schickes Clublokal Karawanserei. Das abendliche Programm versucht, mit Bauchtanz un anderen Zutaten orientalischer Nächte etwas von der Stimmung jener Zeit einzufangen. In diese mystische und authentische Atmosphäre fließt die Zeit schnell. Die Menschen können auf der rechte und linke Seite befindende Geschäfte von Teppiche bis Schmuckwaren und von Juwelen bis Lederwaren alles finden. Man erträumt sich im Lichter der Grand Bazaar und wacht wieder auf im Abendwind in der Cafee Lokale die sich Küste entlang ausstrecken.*

Auch Absicht? Nein, sicherlich eher ein nicht so perfektes, aber von ehemaligen Gastarbeitern in Deutschland erlerntes Deutsch, das man vergnügt zur Kenntnis nimmt, weil man bei anderen gern Fehler aufspürt und registriert.

Zu so viel orientalischer Poesie in grammatikalischer Freiheit und merkantiler Phantasie könnten rein deutsche – Autoren kaum beitragen. Solche etwas holprigen Werbetexte zeigen aber, wie bemüht und fürsorglich die Autoren ihre deutschen Gäste mit dem Land vertraut machen wollen.

In der westlichen Türkei, der Ägäis, in Izmir oder Bodrum etwa, gibt es Türken, die besser Deutsch sprechen als viele Deutsche. Sie distanzieren sich auch oft verächtlich von den *Ostanatolen,* die, wie sie sagen, in Deutschland einen schlechten Eindruck machten. Sie sprechen sogar spöttisch vom *Jaulen der Muezzine* von den Minaretten herunter – das muss nun auch wieder nicht sein. Die Türkei ist ein sehr großes Land. Sie reicht weit nach Osten und dort gibt es eben viele Einheimische, die noch fünfhundert Jahre Zivilisation und Bildung aufzuholen haben. Ihre Ehrbegriffe haben mitunter tödliche Folgen. Aber das Land entwickelt sich bewundernswert schnell. Und bei uns in Berlin-Schöneberg sind wir Kunden beim türkischen Obsthändler, Änderungsschneider, Getränkedienstpersonal und Zeitungshändler und alle sprechen sehr ordentlich Deutsch – manchmal besser als ihre Berliner Kunden. Ja, viele junge Leute, eher in anderen Stadtvierteln, verweigern sich. Aber die Älteren, überall in Deutschland, sind oft sprachlich Einheimische geworden.

WO GEHT'S HIER NACH ALDI?

Dazu fällt mir eine Anekdote ein. Und die ist nicht nur als Witz zu verstehen. Auf einer Straße im Ruhrgebiet begegnen sich ein Deutscher und ein Türke. Fragt der Deutsche den Türken: Wo geht's denn hier nach Aldi?

Korrigiert ihn der Türke: *Zu* Aldi!

Darauf der Deutsche: Was denn – Aldi hat schon zu.

ÜBERHAUPT, ALL DIE AUSLÄNDER!

In der heimatlichen Umgebung, in seinem Kiez spürt man wenig vom immer wieder zitierten Ausländerhass. Aber es gibt ihn in verschiedensten Nuancen. Vielleicht so, wie ich es in einer Szene für das Kabarett *Die Stachelschweine* überspitzt habe – oder ist es vielleicht gar nicht so sehr übertrieben? Da treffen sich also zwei ältere Damen:

ERSTE DAME: Frau Przybilski! Haben Sie schon gehört? Frau Schreiner heiratet einen Ausländer!

ZWEITE DAME: Ja, es gibt Menschen, die schrecken vor nichts zurück.

ERSTE DAME: Finden Sie das so schlimm?

ZWEITE DAME: Na hören Sie mal! Ausländer! Sollen froh sein, dass sie nicht arbeiten dürfen und sind noch gewaltbereit! Und die reden auch noch so unverständlich! Eine Unverschämtheit ist das von diesen Leuten! Sie sind ja sehr unbeliebt in Deutschland! Ab und zu wird ja auch mal einer erschlagen...

ERSTE DAME: Traurig genug. Aber sie verstehen uns ja auch nicht!

ZWEITE DAME: Eben! Die sollen erst mal einwandfrei Deutsch lernen! Nicht nur radebrechen! Ich spreche ja auch nicht Ausländisch!

ERSTE DAME: Das könnte Ihnen nicht schaden, Frau Przybilski. Dann würden Sie mehr verstehen.

Sagen Sie mal, wo jeht's denn hier nach Aldi?
Zu Aldi!
Wat – Aldi hat schon zu?
©BEIER

ZWEITE DAME: So? Wenn diese Leute zu uns kommen, haben sie eine Bringschuld! Im Ausland ist alles so anders als bei uns! Die Kopftücher! Die Moscheen mit diesem dicken Buddha drin! Vielweiberei! Kannibalismus! Türken schießen ihre Schwestern tot und grillen sie dann sonnabends gegenüber dem Schloss Bellevue! Spanier erstechen Stiere zum Spaß! Italiener rasen auf der Vespa vorbei und reißen einem die Handtasche weg! Engländer haben eine Skandalpresse, die uns *Krauts* nennt oder Nazis und die Fotos mit dem Po unserer Kanzlerin zeigt! Und so was darf auch noch heiraten! *Kinder statt Inder*, hat der Herr Rüttgers mal gesagt! Zu Recht! *Migrationsland*! Da kriegt man ja Migräne! Ausländer! Das gibt eine *Mischehe*!

ERSTE DAME: Das ist doch aber hübsch.

ZWEITE DAME: Hübsch? Mischehe! Das klingt doch wie ... Mischpilze! Und Mischpilze kann ich nicht ausstehen! Ein Steinpilz und neunundneunzig Champignons!

ERSTE DAME: Aber Frau Schreiner liebt diesen Mann!

ZWEITE DAME: Traurig genug! Dann weiß sie nicht, was auf sie zukommt. Ausländer haben so abartige sexuelle Gewohnheiten ... Ausländer. Und vielleicht noch mit anderer Hautfarbe ... wenn ich etwa einen Schwarzen heirate und im Zimmer geht das Licht aus, sehe ich den eigenen Partner nicht!

ERSTE DAME: Einen Menschen, den man liebt, sieht man immer. Auch im Dunkeln. Und gerade dann ...

ZWEITE DAME: Und die Kinder. Halb Mensch, halb Ausländer. Die müssen doch vor Scham vergehen.

ERSTE DAME: Im Gegenteil. Kinder aus Mischehen sind meistens intelligenter. Das ist statistisch erwiesen.

ZWEITE DAME: Na und? Intelligenz ist nicht das Erstrebenswerteste im Leben. Anständigkeit. Ehrlichkeit. Und

Sauberkeit, darauf lege ich Wert. Vor allem unter den Fingernägeln.

ERSTE DAME: Ach was. Ausländer sind auch Menschen. Frau Przybilski, in *Ihren* Adern fließt *auch* ausländisches Blut!

ZWEITE DAME: Was erlauben Sie sich! Soll ich Sie verklagen? Wegen Verleumdung? Mein Blut ist rein deutsch! Früher hat man arisch gesagt!

ERSTE DAME: (lächelt) Aber Frau Przybilski. Das kann man schon an Ihrem Namen erkennen ... Przybilski ... das ist ein polnischer Name. Ihre Vorfahren sind irgendwann einmal aus Polen gekommen ... vielleicht als Ruhrkumpel, im Neunzehnten Jahrhundert ... oder unter dem Großen Kurfürsten ... da waren vierzig Prozent der Bevölkerung Polen!

ZWEITE DAME: (tief getroffen) Ich? Eine Teilpolin? Abkömmling von Spargelstechern und Autodieben? Ein Land, in dem deutschfeindliche Zwillinge regieren! Was für eine Schande. Ich bringe mich um. Heute noch. Nach der *Abendschau*.

ZWEITE DAME: Ausländer! Dass das erlaubt ist! Wie die hier gehaust haben! Und offenbar alle nur Sex im Kopf! Na, nicht nur im Kopf. Und dann diese Schweden! Mit ihrem *Schwedentrank*! Armen deutschen Bauern haben sie Jauche eingeflößt! Und zwar von 1618 bis 1648! Da reise ich nie hin! Ausländer!

ERSTE DAME: (liebevoll, helfend) Frau Przybilski –

ZWEITE DAME: Ich werde eine Namensänderung beantragen! In meinen Mädchennamen! Kretschmar! Dann heiße ich nicht mehr Przybilski!

ERSTE DAME: (unbarmherzig) Frau Przybilski! Da kommen Sie vom Regen in die Traufe. Kretschmar kommt von Kretscham, die Kneipe. Ein slawisches Wort.

ZWEITE DAME: Slawin? Dann bin ich ja Voll-Ausländerin! Alles bricht zusammen. Ich bringe mich um. Nach dem *Heute-Journal*.

ERSTE DAME: Sie haben doch einen deutschen Pass. Und trotzdem sind Sie manchmal Ausländerin.

ZWEITE DAME: Ich? Lüge! Verleumdung!

ERSTE DAME: Aber Sie brauchen doch nur im Urlaub die Grenze zu überqueren ... in ein anderes Land ... Österreich ... oder Dänemark ... und dort sind Sie *Ausländerin*! *Sie*!

ZWEITE DAME: (denkt nach, begreift) Ich? Ja. Ich. Tragisch. Ich war schon ... acht Mal im Ausland. Acht Mal Ausländerin. Meist in Österreich. Und wie haben die Östis unsern Hitler hofiert! Auf dem Heldenplatz! Ach, überall. Ich bringe mich um. Nach den *Tagesthemen*.

ERSTE DAME: Aber Frau Przybilski – so trösten Sie sich doch. Fast alle Deutschen waren schon mal Ausländer. Nämlich im Urlaub.

ZWEITE DAME: Schrecklich. Aber dann muss ich mich doch nicht umbringen?

ERSTE DAME: Sehen Sie, Frau Przybilski-Kretschmar.

ZWEITE DAME: Aber ich fahre nie mehr ins Ausland!

ENGLISCH KANN AUCH DEUTSCH SEIN

Ein Kalenderblatt aus dem Springer-Kalender 2011 von einem unbekannten Verfasser:

When the last Kalender-Sheets
Flattern through the winter-streets
And Dezember-Wind is blowing
Then is everybody knowing
That it is not allzuweit
She does come – the Weihnachtszeit.

When the last Kalender-Sheets
Flattern through the winter-streets
And Dezember-Wind is blowing
Then is everybody Knowing
That it is not allzuweit
She does come=the Weihnachtszeit.

Über den zu großen – für meine Begriffe zu groß werdenden – Einfluss des Englischen auf die deutsche Sprache wird immer wieder heftig gestritten. Aber Englisch ist Weltsprache – einzige Weltsprache, Bemühungen um einheitliche Kunstsprachen wie Esperanto und Volapük haben sich nie durchgesetzt. Englisch ist länderübergreifend, indem es Menschen aus den unterschiedlichsten Regionen dieser Welt sich verstehen lässt. Unsere Kinder sprechen heute ganz ungezwungen englisch und kommunizieren im *World Wide Web* mit der Welt. Manchmal würfeln sie deutsch und englisch auch ganz ungeniert zusammen. *Gail Tufts* thematisiert das *Denglish* in ihren köstlichen Programmen immer wieder – unbedingt anschauen, wenn sie irgendwo in Ihrer Nähe einen Abend gibt.

Das Englische ist oft so wunderbar kurz und bündig: *There's no business like show business!* Müsste sperrig ins Deutsche übersetzt werden mit: *Es gibt kein Geschäft außer dem Unterhaltungsgeschäft.* An unzähligen Läden und Restaurants verkündet ein buntes Blinklicht: *open* statt *offen* – was durch die Lautverschiebung ohnehin dasselbe bedeutet. Aber ich denke, es kommt auf die Empfindungen an, vielleicht schmeckt *Coffee to go* einfach besser als *Kaffee zum Mitnehmen.* Und *Son-nen-un-ter-gang* ist einfach *Sunset.* Das leicht von der Zunge gehende *Runway* muß bei uns umständlich *Start- und Landebahn* heißen, denn die Rollbahnen sind nur die Wege zu den Start- und Landebahnen.

Piloten, die den Funkverkehr nur noch hören, aber nicht mehr selbst antworten können, vielleicht wegen eines Mikrofonausfalls, erhalten die Anweisung: *Acknowledge bei moving ailerons!* Also: *Bestätigen Sie meine Anweisungen durch Bewegen des Querruders.* Und das wird bei internationalen Flügen in der ganzen Welt verstanden. Ohne Luftfahrtenglisch keine funktionierende Luftfahrt. Nur im Anflug auf die zahlreichen kleinen Flugplätze in Deutschland darf Deutsch gesprochen werden.

Glücklich die jungen Leute, die ein halbes Jahr in London oder ein Ganzes in New York verbringen können, bevor sie ins Berufsleben einsteigen. Wir Nachkriegskinder konnten das kaum. Und wenn doch bleibt fast immer ein Restakzent, mit dem wir uns als Ausländer *outen*. Deutsche Schauspieler hatten es immer schwer, in Hollywood zu reüssieren, sie wurden meist nur als Ausländer, speziell Nazis, eingesetzt. Der Österreicher Arnold Schwarzenegger hat es, dessen ungeachtet, bis zum kalifornischen Gouverneur gebracht, zum einen wegen seiner Muskeln und vielleicht auch gerade wegen seines unüberhörbaren Kärntner Dialekts.

Sprachlich besonders schwer haben es die Bayern, ihr Englisch ist meist ein bayerisches Englisch und ihr Französisch ein bayerisches Französisch; Zunge und Gaumen sträuben sich gegen Fremdes.

DIE DIFFERENZIERTEN ARGUMENTATIONEN STRUKTURIERT ENTFALTEN

Bis zum Jahr 2017, schreibt der TAGESSPIEGEL, soll das Abitur überall in Deutschland das gleiche Niveau haben. Der Leistungsanspruch soll dann in allen Bundesländern ähnlich sein. Im Fach Deutsch soll die Fähigkeit vermittelt werden, sich mit Texten und Medien auseinanderzusetzen. Die Arbeitsstrategien für die Schüler sehen so aus:

Sie sollen zu fachlich strittigen Sachverhalten und Texten differenzierte Argumentationen entwerfen, diese strukturiert entfalten und die Prämissen ihrer Argumentationen reflektieren.

Na, dann, liebe Schüler, viel Spaß dabei.

DA TRÄUMT MAN VOM GIRAFFENLAND

Unsere Sprache hält immer wieder überraschende Glückserlebnisse bereit. Wie herrlich sind doch Dinge beschrieben aus Kindermund. *Helga Glantschnig* hat im Buch mit dem Titel: *Blume ist Kind von Wiese* all das zusammengetragen, wie Kinder Sachverhalte formulieren. Lesen Sie die Beispiele und Sie wissen, was ich meine: *Da träumt man vom Giraffenland. Es ist wundervoll, aber es ist nicht wirklich. Da gibt's Kleider auf Baum und Wurst, und das Wasser ist wie Apfelsaft oder Coca Cola. Und in Wiese gibt's Schokoladeblumen. Und Kinder brauchen keine Schule. Sie müssen immer nur spielen, müssen sie.*

Oder: *Baklava ist ganz süß und es machen die Türken, besonders am Feiertag machen sie es. Baklava machen aber nur manche Deutsche. Die Türken machen es immer.*

Oder: *Ball ist rund und für Spielen, und man kann es hoch werfen und es kommt wieder runter.*

DA STRECKTE EIN ELEFANT SEINEN RÜSSEL AUS DEM GEBÜSCH

Die deutsche Sprache fördert und begünstigt die Fantasie. Unsere Tochter brachte einen Aufsatz über einen Parkspaziergang nach Hause, in dem sie schrieb: *Ich ging an einem Gebüsch vorbei, da streckte ein Elefant seinen Rüssel aus dem Gebüsch und nahm mir meine Apfelsine weg.* Ich war begeistert. Unsere Tochter hatte Fantasie! Das musste eine Eins werden, eine Eins *plus* sogar. Aber unter den Aufsatz hatte die Lehrerin mit roter Tinte geschrieben: *Etwas zu viel Fantasie, daher drei minus.*

Kann man zu viel Fantasie haben?

Formulierungen und Sprachschöpfungen der Kinder können manchmal köstlich sein, man sollte sie jedes Mal notieren,

aber oft hat man keine Zeit dazu und weder Stift und Papier dabei. (Ich lebe mit meinem kleinen Diktiergerät, denn etwa unterwegs im Auto kann oder sollte man nicht schreiben.)

Manche dieser Formulierungen aus Kindermund verwendet man auch noch Jahrzehnte später und manche werden sozusagen sprichwörtlich und gehen in das Sprachgut der ganzen Familie ein. Einer unserer Enkelsöhne, dreieinhalb, zur Mutter: *Die Großeltern sind alt. Wenn wir am Sonntag zu ihnen fahren, leben sie dann noch?*

DIE GESICHTER DER MEISTEN POLITIKER SIND GEPRÄGT VON DEN VIELEN UNGELESENEN BÜCHERN

Fangen wir, mit unseren Sprachsorgen, doch einfach einmal bei unseren Politikern an. Ein Gefühl für die Sprache sollten sie entwickeln, müssen sie doch tagein, tagaus Reden halten vor anderen Politikern und vor ihren Wählern. Aber ihre Gesichter sind geprägt von den vielen ungelesenen Büchern. Das Politiker*deutsch* hat niemand so gut beherrscht wie *Vicco von Bülow* alias *Loriot*. Unvergessen bleibt sein Bundestagsabgeordneter Werner Bornheim! Wenn der eine Rede hielt, klang das so: *Meine Damen und Herren, Politik bedeutet, und davon sollte man ausgehen, das ist doch – ohne darum herumzureden – in Anbetracht der Situation, in der wir uns befinden …* Und zum Abschluss seiner richtungweisenden Rede kommend, mit der er der Nation endlich reinen Wein einschenkt, stellte er fest: *Hier und heute stellen sich Fragen, und ich glaube, Sie stimmen mit mir überein, wenn ich sage: Letzten Endes, wer wollte das bestreiten?*

Ich danke Ihnen.

ANGEDACHT, ANDISKUTIERT UND ANGEWÄGT

Brigitte Grunert, bis 2003 landespolitische Korrespondentin beim Berliner TAGESSPIEGEL, hat die Sprachsünden unserer Politiker notiert und gerügt. So werden bei ihnen Pläne zuerst angedacht, dann andiskutiert und dann angewägt – damit meinen sie angewogen. Mitunter werden zufriedene Lösungen – nein befriedigende Lösungen – in Konsensen – nein im Konsens – beschlossen. Besonders schwierig – nein schwer – haben es Kinder bildungsferner Schichten – aber es sind wohl auch viele Politiker bildungsfern. Schlimm ist es, wenn der Sozialstaat geschliffen – nein, geschleift – und der Verbraucher in falscher Sicherheit gewogen – nein, gewiegt wird. Brigitte Grunert: *Genug der Beispiele aus dem Sprachgebrauch nicht aller aber vieler Politiker. Auf Deutsch gesagt: grauenvoll. Mein Resumee ist: Kann man denn nicht normal reden? Einfach? Natürlich? Wie einem der Schnabel gewachsen ist? Denn wenn er so gewachsen ist, wie die Sprachsünder reden, dann ist er ganz schön lädiert.*

DIE GROSSE BETROFFENHEIT

Schön, dass es auch Politiker gibt, denen die Sprache der Politiker auf die Nerven geht. Ole von Beust, langjähriger Erster Bürgermeister in Hamburg, hat die Standardphrasen vieler Politiker kritisiert, die immer wieder ungeniert und wie selbstverständlich dieselben Worthülsen verwenden. Nehmen wir ein Beispiel, die Beileidsbekundungen:

Bei einem Unfall mit Todesopfern gilt es, *schnell und unbürokratisch zu helfen.* Ein Bürgermeister, etwa beim Einsturz einer Fußgängerbrücke: *Der Einsturz macht mich betroffen.* Politiker sind ja nie traurig, oder entsetzt, oder fassungslos, oder erschüttert: sie sind fast immer betroffen. Und weiter: *Unsere Gedanken sind bei den Opfern und deren Angehörigen.* Der Baudezernent erklärt, *ein Versagen der genehmigenden Behörde liege nicht vor.* Der Bürgermeister, nach Vorwürfen: *Nun gilt es, umfassend, ohne Ansehen der Personen, die Ursachen aufzuklären.* Später: *man sei auf gutem Weg, es brauche aber eine neue Kultur der Aufklärung.* Und die Untersuchungskommission spricht nach der ersten Sitzung von einem *Gespräch in konstruktiver Atmosphäre.* Bürgerkriege, Attentate und Terrorakte werden grundsätzlich *aufs Schärfste verurteilt.* Man hat immer dieselben Floskeln parat und nichts hindert die Sprecher daran, sie unentwegt wieder zu verwenden.

Ein Wort, das vielleicht nur mir in bestimmten Zusammenhängen qualvoll ist, ist das Wort Qualität. Etwa: *Die Gewalt in Syrien hat eine neue Qualität erreicht.*

Vielleicht ist das sachlich richtig. Ist es aber eine *Qualität*, wenn dort Bürgerkrieg herrscht und täglich Hunderte sterben, gefoltert und verletzt werden und unversorgt auf der Straße liegen, wenn Menschen flüchten müssen, wenn Altstädte in Schutt und Asche gelegt werden? Mir käme *ein neuer Höhepunkt des Grauens* oder eine *weitere Steigerung* der Gewalt richtiger vor. Das Wort Qualität hat für mich eine positive Bedeutung, es sollte, denke ich, nur bei der Verbesserung einer Situation verwendet werden.

LIEBE DEUTSCHINNEN, LIEBE DEUTSCHE!

Politiker richten sprachlich oft recht viel Unheil an: sie achten peinlich darauf, immer die lieben *Bürgerinnen und Bürger* anzusprechen, die lieben *Wählerinnen und Wähler,* die lieben *Genossinnen und Genossen*, die lieben *Steuerzahlerinnen* und *Steuerzahler*, ja, Altbundeskanzler Gerhard Schröder spricht sogar von seine lieben *Freundinnen* und *Freunden*. Der Grund dafür ist nicht ein verinnerlichter Sinn für die Gleichberechtigung, sondern blanker Opportunismus, das Schielen auf die nächste Wahl, weil Frauen ja auch eine Stimme haben und sogar eine Zweitstimme, die man ja dann und wann braucht.

Ich gehe seit sechzig Jahren mit der Sprache um und möchte unseren Politikern verbindlich versichern, dass in den *Wählern* auch die *Wählerinnen* mit eingeschlossen sind und mit den *Bürgern* auch die weiblichen gemeint sind. Wären die Redner konsequent, müssten sie künftig auch von den *Deutschinnen und Deutschen* oder von den *Menschinnen* und *Menschen* sprechen.

ICH WILL MAL GANZ EHRLICH SEIN

Unsere Bundeskanzlerin sagt gern: *Ich, ganz persönlich, kann Ihnen versichern …* sie persönlich? Ja, wer denn sonst? Und oft, verdächtig oft, sagen unsere Politiker und -innen: *Ich will mal ehrlich sein …*

Das ist bestürzend. Politiker tappen in viele sprachlichen Fallen. Vor allem in die Ehrlichkeitsfalle. Täglich hört man: *Ich werde Ihnen mal ganz ehrlich sagen …*

Unsere resolute, aber nicht immer und überall erfolgreiche Grünen-Politikerin Renate Künast etwa, die im Fernsehen über das Verhalten des Kurzzeit-Bundespräsidenten spricht: *Ich kann mir, ehrlich gesagt, nicht vorstellen, wie er eine Weihnachtsrede halten kann.*

Der Berliner Politiker Michael Müller am 11. November 2010 im *Inforadio* zu den Berliner Wasserpreisen*: Ich will da ehrlich sein …*

Aber, aber! Michael Müller, Renate Künast und die vielen anderen werden doch hoffentlich sonst nichts Unehrliches sagen?

Da ist, übrigens, die Bundeskanzlerin geschickter, eleganter. Auf die Frage, was sie von den ewigen Sticheleien von Horst Seehofer hält, der in Berlin mit seinen Koalitionspartnern nett redet, in München dann aber auf sie eindrischt, antwortet sie: *Man kann schon Biss haben, aber man muss wissen, wen man beißt.*

Das für mich schlimmste Wort im Sprachschatz unserer Politiker aber ist aber das Wort: *Zunächst.*

Wenn Politiker etwas Unbehagliches gefragt werden, etwas, worauf sie partout nicht antworten wollen, etwas, was ihnen vielleicht peinlich ist, oder sie bloßstellt, so haben sie einen immer wieder gern genutzten Fluchtweg. Sie sagen dann: *Zunächst muss ich sagen, oder erwähnen, oder ausführen, dass …* dann wechseln sie abrupt zu einem anderen

Meine...
lieben
Steuer-
zaaahler
in
Anbetracht
der
Situation
...
©BEIER

Thema und kommen nie wieder auf den ursprünglichen Inhalt der Frage zurück. Nur hartnäckige Interviewer stellen ihre gefährliche Frage noch ein zweites Mal. Etwa an einem Wahlsonntag, wenn der Kandidat eine vernichtende Niederlage erlitten hat und sagen soll, warum, dann antwortet er: *Zunächst muss ich sagen, dass wir ja erst die 23-Uhr-Hochrechnung hinter uns haben, das kann sich ja im Laufe des Abends noch massiv ändern.* Wenn die Partei acht oder mehr Prozentpunkte verloren hat, wird ausgeführt: *Zunächst muss ich darauf hinweisen, dass unsere Gegner vor vier Jahren in Schleswig-Holstein oder in Hessen, zwölf Prozent verloren haben.* Dann wird nicht das eigene Versagens thematisiert, sondern auf die Fehler der Konkurrenten hingewiesen. Wenn dann gefragt wird, warum der Wähler das Programm der Koalition so eindeutig abgewählt hat: *Zunächst muss ich darauf hinweisen, dass wir diesen komplexen Sachverhalt am Montag in unseren Gremien detailliert besprechen werden …*

Das hilft immer, Zeit gewinnen. An Eigenlob fehlt es den Akteuren nie. Unser Bundesaußenminister zum Beispiel ist klug. Es sagt des Öfteren: *Wir haben klug entschieden …*, oder: *Hier war eine kluge Politik von uns gefragt …*

Die Anrede *Herr* ist ja eigentlich eine noble, ehrende, achtungsvolle Bezeichnung für einen Mann: ein Herr ist etwas Gehobenes, Respektables. Positive besetzte Worte sind ja auch, zumindest ursprünglich, Herrenhaus, Herrenzimmer, Herrenreiter. Aus dem Munde eines Politikers jedoch, bekommt das Wort einen verächtlichen und herabsetzenden Akzent, so als würde man etwas mit ganz spitzen Fingern anfassen. Etwa, immer mit der Betonung des letzten Buchstabens: *Herrr Gabriel tut hier so, als seien wir …* oder: *Herrr Schäuble wagt es zu behaupten …* oder: *Herrr Seehofer ändert jede Woche seine Meinung …*

Sollte man sich nicht fairerweise darauf einigen, statt des geringschätzigen *Herrr* den Vornamen zu nennen, also Sigmar Gabriel, Wolfgang Schäuble oder Horst Seehofer?

DIE SPRACHE VERGIBT NICHTS

Auf seiner ersten, seiner allerersten Pressekonferenz hat der neue Außenminister, stolz auf Amt und Macht, einen englischen Korrespondenten abgekanzelt, der ihm eine Frage auf Englisch stellen wollte. Hier sei man in Deutschland, hat er ihm barsch zugerufen und hier spreche man Deutsch. Hätte er nicht sagen können, es sei noch nicht so weit her mit seinem Englisch und in zwei Jahren solle der Journalist seine Fragen auf Englisch stellen, diesmal doch bitte lieber auf Deutsch? Der verunglückten Pressekonferenz folgten eine Reihe weiterer verbaler Fehltritte. Eine Sprachpanne folgte der nächsten. Er erklärte uns immer wieder, er habe in der Sache klug entschieden, er sprach von sich als einem, der die Dinge regele, er stach mit seinem Zeigefinger auf uns ein und rief erbost, man werde ihm seinen Schneid nicht abkaufen. Und schließlich, nach *Mövenpicksteuer* und anderen missglückten Vorstößen, hatte er seine Partei um vierzehn Prozent der Wählerschaft gebracht.

LESEN IST LEBENSWICHTIG

Ich wüsste da einen – vielleicht brauchbaren Test – wie man Politiker beurteilen und somit, welcher Partei man bei der nächsten Wahl seine Stimme geben sollte: Man könnte alle Politiker a) nach ihren Lieblingsbüchern befragen und b) nach den drei zuletzt gelesenen Büchern. Wenn man dann ohne längeres Zögern der Befragten zu a) eine zufriedenstellende Antwort bekommt, also nicht irgendein statistisches Buch oder eines zur Energiewende oder zum Migrantenproblem und zu b) keine Titel genannt werden, die seit der letzten Lektüre Jahrzehnte auf dem Buckel haben und offensichtlich eine hilflose Ausrede sind, dann sind sie wählbar. Klassiker sollten sie nicht immer nur mit Sätzen zitieren, die sie im *Büchmann* und anderen Zitatensammlungen nachgeschlagen haben, sie sollten mit den wichtigsten Schriftstellern vertraut sein.

Literatur ist lebenswichtig. Sie lehrt auch unsere Politiker, Sachlagen besser zu beurteilen. Nehmen wir als Beispiel eine Ballade von Theodor Fontane, im Neunzehnten Jahrhundert geschrieben und zwar nach dem ersten Britisch-Afghanischen Krieg im Jahr 1851. Danach folgten der zweite Britisch-Afghanische Krieg, die verlustreiche Besetzung durch die Sowjetunion zu Beginn der 1980er Jahre und in jüngster Vergangenheit die westliche Strafaktion. Vielleicht hätten die Verantwortlichen für den immer noch anhaltenden – leid bringenden – Konflikt andere Entscheidungen getroffen, wenn sie die Ballade: *Das Trauerspiel von Afghanistan* gelesen hätten.

DAS TRAUERSPIEL VON AFGHANISTAN

Der Schnee leis stäubend vom Himmel fällt,
ein Reiter vor Dschallalabad hält.
„Wer da?“ – ein britischer Reitersmann,
bringe Botschaft aus Afghanistan.

Afghanistan! Er sprach es so matt,
es umdrängt den Reiter die halbe Stadt.
Sir Robert Sale, der Kommandant,
hebt ihn vom Rosse mit eigener Hand.

Sie führten ins steinerne Wachthaus ihn,
sie setzten ihn nieder an den Kamin,

wie wärmt ihn das Feuer, wie labt ihn das Licht,
er atmet hoch auf und dankt und spricht:

Wir waren dreizehntausend Mann,
von Kabul unser Zug begann,
Soldaten, Führer, Weib und Kind,
erstarrt, erschlagen, verraten sind.

Zersprengt ist unser ganzes Heer,
was lebt, irrt draußen in Nacht umher,
Mir hat ein Gott die Rettung vergönnt,
seht zu, ob den rest ihr retten könnt.

Sir Robert stieg auf den Festungswall,
Offiziere, Soldaten folgten ihm all.
Sir Robert sprach: „Der Schnee fällt dicht,,
sie uns suchen, sie können uns finden nicht.

Sie irren wie Blinde und sind uns so nah,
so laßt sie's hören, dass wir da,
Stimmt an ein Lied von Heimat und Haus,
Trompeter blast in die Nacht hinaus!"

Da huben sie an und wurdens nicht müd',
durch die Nacht hin klang es Lied um Lied,
erst englische Lieder mit fröhlichem Klang,
dann Hochlandslieder wie Klagegesang.

Sie blieben die Nacht und über den Tag,
laut, wie nur die Liebe rufen mag.
Sie bliesen – es kam die zweite Nacht,
umsonst, dass Ihr ruft, umsonst, dass Ihr wacht.

Die hören sollen, sie hören nicht mehr,
vernichtet ist das ganze Heer,
mit dreizehntausend der Zug begann,
einer kam heim aus Afghanistan.

KLEINE BECKMESSEREIEN

Nicht jeder Mensch leidet unter falschem Deutsch. Aber es gibt so Vieles, was einen Sprachliebhaber zusammenzucken läßt.

Betrüblich zum Beispiel ist, wenn ein Paparazzi zudringlich wird oder ein Grafitti die Auslage der Bank verunziert. Einen Paparazzi gibt es nicht, auch ein Grafitti nicht, denn das ist Plural! Im Singular heißt es Paparazzo und Grafitto.

Eine hübsche Variante für die Bezeichnung eines köstlichen italienischen Desserts, das *tiramisu*, pflegt eine mir bekannte ältere Dame. Sie nennt die Süßspeise beharrlich *timarisu* und ich hoffe, man versucht sie nicht immer wieder zu korrigieren. Menschen können sich ihre eigenen Worte und ihre Sprach- und Sprechgewohnheiten zurechtbasteln und oft ist das legitim und liebenswert. Diese Worte werden ihre Marke, ihr Label, ihr Kennzeichen oder Kennwort. Sollen sie doch!

Manchmal stören falsch verwendete Worte aber ungemein. Der Vorsitzende der Piraten: *Ich bin selber einundzwanzig Jahre alt.* Wieso schon wieder selber? Ich bin einundzwanzig Jahre alt genügt doch. Aber vielleicht hebt *selber* die Bedeutung der eigenen Person.

Oder wenn eine Patientin zur anderen sagt: Der Doktor hat mir sogar ein *Antibiotika* verschrieben. Hier ist ja wohl Antibiotikum, der Singular gemeint.

Der *einzigste*, der *idealste* und der *optimalste* sind Worte, die es so nicht gibt. Einziger als einzig und idealer als ideal geht nun mal nicht. Auch ist optimal nicht steigerungsfähig. Zu den Begriffen gibt es keinen Komparativ und auch keinen Superlativ.

Ein weiteres Ärgernis ist der Unterschied zwischen *mehr* und *noch*: So heißt es in einem Zeitungsartikel: Syrien hat kaum mehr Hoffnung auf Diplomatie. Nein, bitte: kaum *noch* Hoffnung. *Mehr* ist eben *mehr* und *noch* ist weniger. Aber die beiden sehr unterschiedlichen Worte werden häufig sehr beliebig eingesetzt.

Viele Zeitungen, viele Journalisten berichten unentwegt von *Düsenjets*. Nun ist ein Jet ohnehin ein Düsenflugzeug, eines mit Strahltriebwerken. Was aber ist ein Düsenjet? Ein zweistrahliges Flugzeug? Das ist ja wohl doppelt gemoppelt. Und ein Reporter, der vom ersten Passagierflug des Airbus A 380 berichtete, beschrieb zu meiner Überraschung den Start so: *Der Kapitän schaltete den ersten Gang ein und gab Vollgas.* Flugzeuge haben ja, im Gegensatz zu Autos, keine Gänge und auch keine Gangschaltung. Reporter müssen über die vielfältigsten und gegensätzlichsten Themen berichten, was nicht immer leicht ist, aber sie sollten doch wenigstens die Grundprinzipien beherrschen.

Der Berliner TAGESSPIEGEL in einer Ausflugsbroschüre über das Ruppiner Seenland: *Nach seiner anderthalbjährigen Festungshaft in Küstrin wegen Fahnenflucht ernannte König Friedrich Wilhelm I. seinen Sohn im April 1732 zum Oberst und Chef des Infanterieregiments von der Goltz in Nauen.*

Berichtigung: Nicht König Friedrich Wilhelm I. saß in Festungshaft in Küstrin, sondern sein Sohn, Kronprinz Friedrich.

Und die *rbb-Abendschau* in der Moderation: … doppelt so viele als benötigt. Bitte, bitte: *Wie* benötigt!

NETTE TOTE

Die Zeitschrift GONG über eine vorweihnachtliche Abendsendung auf SAT 1 mit dem Titel: *Zwei Weihnachtsmänner*:

Zwei Tage vor Weihnachten: Dilling und Kesse haben in ihrer Not die Leiche des Weihnachtsmannes als Schneemann getarnt am Straßenrand zurückgelassen, aber sie haben vergessen, ihre Spuren zu entfernen. Also müssen sie zurück und laden den Toten in ihren Kofferraum. Ein netter, unterhaltsamer Spaß mit guten Darstellern!

Na, ja ... Schluss jetzt mit der Beckmesserei? Soll man wirklich jedes Wort so wichtig nehmen? Jeden Satz auf die berühmte Goldwaage legen? Sollten wir Sprachbeamte werden, Fahnder nach unbedeutenden Fehlern? Wenn ein Satz nicht so ganz glücklich geraten ist, versteht man am Ende ja doch, was gemeint ist.

Doch, man soll. Unsere Sprache hat so viele Nuancen. Man kann jeden Tatbestand und jede Zeitabfolge sehr präzise wiedergeben. Man kann die größte Gemeinheit auf die sanfteste Tour formulieren. Die Sprache ist keine Nebensache. Man sollte sie und ihre Möglichkeiten nutzen und genießen.

DIE SACHE MIT CEM ÖZZZZDEMIR

Politiker wie Journalisten – also Moderatoren und Reporter – können sich nicht auf die einheitliche Aussprache von Namen einigen, auch wenn sie schon lange damit umgehen. Zum Beispiel, wenn es um Cem Özdemir geht. Viele nennen ihn: *Özzzdemir*. Gesprochen wird er eigentlich *Ösdemir*, also mit stimmhaftem *s* wie Salz oder Suppe. In vielen Sprachen wird unser *z* wie ein stimmhaftes *s* gesprochen, also zum Beispiel *Zulu* oder Ground *Zero*.

Wenn Sie in der Türkei an einem Kosmetikgeschäft vorbeikommen und da steht *Kozmetik*, dann sollten wir nichts Falsches vermuten. Das Wort wird nicht wie *Kotzmetik* ausgesprochen, sondern wie Kosmetik, ganz so wie hierzulande. Also: *Z* gleich *S*.

Der chinesische Künstler *Ai Wei Wei* wird erbarmungslos Ei *wei wei* – wie in Hühner*ei* – genannt, obwohl er sich viel lieber Ai *wej wej* ansprechen lassen würde. Und Herr Barad*ei* würde auch gern auf das *ei* verzichten und viel lieber Barad*ej* genannt werden.

Na gut. Seien wir nicht kleinlich, die französische Hauptstadt Paris wird in Frankreich *Pariii* ausgesprochen und in Amerika *Perris*.

WAS BEDEUTET DAS WORT AUFSICHTSRAT?

Worte haben ihre fest umschriebene Bedeutung, manchmal aber auch eine sehr unterschiedliche, wie etwa das Wort *Verkehr* oder *Birne* – siehe mein Volksstück *Kohlenpaul* mit Walter Plathe in der Hauptrolle im Theater am Kurfürstendamm. *Kohlenpaul*, aus proletarischen Verhältnissen kommend, macht seinem Sohn mit solchen Beispielen klar, dass man viele Worte auf die Goldwaage legen sollte.

Und manchmal haben Worte eine eindeutige Aussage, die offensichtlich sehr unterschiedlich bewertet werden kann. Zum Beispiel das Wort *Aufsichtsrat.* Wikipedia beschreibt den Begriff auf zwölf Seiten. *Aufgabe des Aufsichtsrats ist es, die Geschäftsführung – also den Vorstand – zu überwachen. Hierzu kann der Aufsichtsrat Geschäftsführungsmaßnahmen von seiner Zustimmung abhängig machen. Daneben hat er Prüfungspflichten sowie Berichtspflichten.* Er müsste also die Aufsicht führen. Das sollte doch auch für den Aufsichtsrat eines milliardenschweren, öffentlichen Bauvorhabens gelten. Wenn der Aufsichtsrat das Vorhaben nur unzureichend prüft oder sich von der Geschäftsführung getäuscht fühlt, wenn mehrere Eröffnungstermine kassiert werden, wenn das Bauvorhaben um viele Hundert Millionen teurer wird als veranschlagt, dann entschuldigt sich der Aufsichtsrat. Die Worte *Verantwortung übernehmen* sucht man auf zwölf Wikipediaseiten übrigens vergebens – das sollte präzisiert und ergänzt werden.

DAS UNGLÜCKSELIGE WORT STOLZ

Ein peinlicher Terminus muss angesprochen werden, es geht um ein Wort, dessen Verwendung sparsam erfolgen sollte. Das unglückselige Wort *stolz* sollte man höchstens in kritischem Zusammenhang verwenden. Ist man auf sich und seine Leistungen stolz, so ist das Eigenlob. Ist man stolz auf andere, will man an deren Erfolg teilhaben und sich mit ihm schmücken. Der *Stolz*, worauf und wen auch immer bezogen, hat eine traurige Herkunft. Stolz kommt vom Lateinischen *stultus* und das heißt töricht, einfältig, dumm. Im Sprichwort wird das klar kommentiert: *Dummheit und Stolz wachsen an einem Holz.* Stolz wird umschrieben mit dünkelhaft, hochmütig, anmaßend, sich überhebend. Für das Wort Stolz gibt es jedoch viele schöne Alternativen: sich über etwas oder jemanden freuen, etwas oder jemanden bewundern – nur möglichst nicht sich selbst – etwas oder jemanden anerkennen, herausstellen, für seine Leistung dankbar sein und Vieles andere.

Nach der letzten Wahl waren die Politiker fast aller Parteien stolz auf sich und auf ihre Parteifreunde, auch wenn sie an Prozentpunkten verloren hatten. Irgendeinen Grund auf irgendetwas stolz zu sein, findet sich immer. Joachim Paul, Spitzenkandidat der Piraten in Nordrhein-Westfalen: *Unser Programm ist das teuerste von allen, da kann man auch ein Stück weit stolz darauf sein.* Günter Grass ist stolz darauf, Bundeskanzler Gerhard Schröder zum Verzicht auf die Teilnahme an der Irak-Intervention bewegt zu haben. So viele unterschiedliche Möglichkeiten, auf etwas stolz zu sein!

Aber immerhin: die Schauspielerin und Fernsehkommissarin Ulrike Kriener im *Focus*-Interview auf die Frage auf welche eigene Leistung sie besonders stolz sei.

Ulrike Kriener: *Ich finde die Frage peinlich.*

Bravo! Vielen Dank, Frau Kriener, Es ist ja menschlich verständlich, auf jemanden oder etwas stolz zu sein, aber ein bisschen *stultus* ist es schon.

EIN WENIG EWIGKEIT

In den Sphären der Ewigkeit herrscht auch große sprachliche Unsicherheit. Wahrscheinlich stirbt jeder Mensch irgendwann einmal. Nein, genauer: Jeder Mensch stirbt und dann ist er tot. Sprachkünstler und unsichere Redner machen einen erheblichen Unterschied zwischen dem *Sterben* und dem *Versterben.*

Anscheinend steckt darin vor allem ein Rangunterschied. Auf einer Reise in die Masuren haben wir einen deutschen Soldatenfriedhof aus dem Ersten Weltkrieg besucht. Auf den Grabsteinen stand etwa: *Hier liegt Grenadier Hans Schulze, gestorben am 3.6.1916.* Und zwei Gräber weiter: *Hier liegt Oberst Günter von Stein, verstorben am 17.4.1916.*

Immerhin sind sie in derselben Reihe beerdigt, das Versterben scheint aber etwas Edleres, Feineres zu sein als nur zu sterben. Vielleicht ist, wer verstirbt, nicht ganz so tot wie der, der nur stirbt.

Ähnlich ist es mit dem Verbleichen. Vorsicht mit Verben, die man nicht konjugieren kann: Ich versterbe, du verstirbst, ich verbleiche, du verbleichst … das Wort lässt sich nur auf andere anwenden.

Wenn es ums Sterben geht, drückt man sich höchst unterschiedlich aus. In den USA wird diskret formuliert, wenn ein Partner nicht mehr lebt, man sagt dann zurückhaltend umschreibend: *My husband has passed over*, zu deutsch vielleicht am ehesten *Mein Mann ist von uns gegangen.*

SPRACHE IST EIN ERLEBNIS, EIN ABENTEUER!

Wer einem Menschen zuhört, mit ihm spricht, weiß bald schon eine Menge über ihn. Sprache ist Lebenslauf, Vita, Steckbrief. Der Sprecher outet sich und gibt sich preis, sei es durch Wortschatz und Grammatik, durch die Aussprache einzelner Worte und, oft unfreiwillig, durch bestimmte Aussagen. Man weiß meist sehr bald, woher jemand kommt, wie er oder sie denkt. Sprache verrät Herkunft, Bildung, Ausbildung und Wissensstand. Durch Sprache und Sprechweise kann man Menschen einordnen und, zu einem Teil vielleicht, erkennen.

Hatice Akyün, Kolumnistin beim *Tagesspiegel*, hat einen Satz ihres türkischen Vaters zitiert: *Ja: die Sprache ist ein wunderbares, permanentes Abenteuer. Zuhören kann man überall: In der Bahn, im Flugzeug, zu Hause, im Büro, auf der Straße, im Hotel und im Kino. Man lernt aus gutem und aus schlechtem Deutsch. Zuhören hilft, besser zu sprechen.*

Viele Menschen sind einseitig ausgerichtet: optisch oder akustisch. Eher die Mehrzahl erkennt auf Anhieb Gesichter, die sie nur einmal gesehen hat, vergisst aber die Namen dazu schnell. Ich jedoch stelle mich auf Partys einem Gast schon mal mehrfach vor, das ist manchmal sehr peinlich. Ich erinnere mich aber mühelos an Namen, die ich vor Jahrzehnten gehört oder gelesen habe. Auch einzelne Worte, Sätze und Stimmen, die für mich bedeutsam waren, prägten sich ein, wurden unvergesslich. Vom *rbb*, von *Deutschlandradio Kultur* oder *Deutschlandfunk* werden häufig alte Hörspiele wiederholt. Auch wenn ich den Vorspann verpasst habe, rufe ich schon bald aus: Das ist doch Elisabeth Flickenschildt! Elsa Wagner, O. E. Hasse, Hans Söhnker, Will Quadflieg, Paul Wegener oder Heinrich George – also der Vater von Götz, der übrigens das Schicksal seines Vaters gerade verfilmt. Das ist ziemlich einseitig, gehört aber vielleicht auch zu meinem Beruf, bei dem Erinnerungen eine große Rolle spielen.

FOLGEN DER EUROKRISE: SPRACHSCHULEN ERLEBEN EINEN AUFSCHWUNG

Wider alle Erwartungen gibt es auch heutzutage noch gute Nachrichten. *dpa: Zahlreiche Sprachschulen registrieren seit 2011 eine deutlich stärkere Nachfrage von Schülern aus europäischen Krisenländern. Das statistische Landesamt registrierte einen Zuzug von rund 1500 Spaniern und rund 1600 Italienern.* Die einen wollen in Deutschland studieren, die anderen finden in ihrem Heimatland keine Arbeit und suchen diese jetzt hier.

STILBLÜTEN: WIE DIE BABYLEICHEN ZU TODE GEKOMMEN SIND

April 2012. Die Hessische Justizsprecherin zum Fund von drei Babyleichen in Kühlboxen: *Wir können noch keine Angaben dazu machen, wie die Babyleichen zu Tode gekommen sind.*

Inforadio, im April 2012: *Wir haben viele schwangere Roma, vor allem Romamädchen.*

Aus dem *Kölner Stadtanzeiger*: *In einem Gebüsch fanden die Beamten den Firmentresor. Er wurde einem Haftrichter vorgeführt.*

Bildunterschrift in der *Westfalenpost*: *In dieser völlig vermüllten Wohnung wurde die vom Tode gezeichnete Leiche gefunden.*

Das Magazin DER SPIEGEL widmet sich in seiner Rubrik der HOHLSPIEGEL den haarsträubendsten Sprachschludereien. Eine Meldung aus dem *Nordbayerischen Kurier*: *In keiner Stadt mit Schloss ist es erlaubt, im angrenzenden Park Fahrrad zu fahren, Hunde unangeleint laufen zu lassen, geschweige denn zu grillen* und aus dem *Diepholzer Kreisblatt*: *In der Justizvollzugsanstalt Bernau am Chiemsee betreuen beispielsweise zweieinhalb Psychologen 859 Gefangene.*

Journalisten haben's immer eilig, sie müssen die nächste Ausgabe oft noch einmal um Mitternacht korrigieren, Wichtiges raus, Sensationen rein, vielleicht gibt es heute auch keinen Schlußredakteur mehr. Jedenfalls schlägt der Fehlerteufel immer häufiger zu. Die *Berliner Morgenpost* im Mai 2012 läßt mal wieder Tote sterben: *Jeder neunte Berliner Verkehrstote starb bei Alkoholunfall.*

VERGESSEN SIE NICHT ZU ATMEN!

Stewardessen und Purser haben in vorgeschriebenen Redewendungen und Anweisungen zu artikulieren. Jede noch so kleine Andeutung von Unsicherheit und Gefahr ist streng untersagt. Humor könnte missverstanden werden. Einige Zeit aber hat die angenehme aber längst aufgelöste Fluggesellschaft *Deutsche BA* – ein Widerspruch in sich, denn das hieße *Deutsche British Airways* – witzige Bemerkungen ihres Personals zugelassen, vielleicht sogar gefördert. Da kamen hübsche Formulierungen zustande, z. B.: *Pressen Sie die Sauerstoffmaske auf Mund und Nase, vergessen Sie aber nicht zu atmen, sonst wäre alles sinnlos.*

In München-Riem, beim Rollen des Jets zum Start: *Wenn wir so weiter rollen, brauchen wir eine Woche bis nach Berlin. Wir haben uns daher entschlossen, dorthin zu fliegen.*

Ein Steward: *Ich begrüße Sie im Namen der Deutschen BH.*

Und ein humorvoller Purser diesmal bei der *Lufthansa* bei der Einweisung der Passagiere: *Und nun kommt unser Emergency-Ballett!*

DER KUMMER MIT DEN GEBRAUCHS-ANWEISUNGEN: ZUM GEGRAUCH DER SCHWEISSUNGSWEGNAHME

Die Frau eines meiner Wiener Cousins war Übersetzerin aus dem Englischen. Sie gab mir ihre neueste Arbeit, einen Roman, zu lesen, der mich nicht überzeugte. Irgendwie fahrig und zusammenhangslos … mit offensichtlichen Fehlern … ohne einheitlichen Stil und Sprachwitz … Was war los? Ich sah in das Impressum. Das ursprünglich in Japan erschienene Buch war ins Finnische übersetzt worden, vom Finnischen ins Englische um dann schließlich als deutsche Ausgabe zu erscheinen.

So oder ähnlich mögen auch die Gebrauchsanweisungen für unsere Handys, Radios, Fernsehgeräte, Espresso-Maschinen oder CD-Spieler den Weg zu uns finden. Manchmal bekommen wir auch nur eine koreanische Version. In dem Rororo-Büchlein *Sie müssen nur die Welle durch die Tülle schieben* sind einige kuriose Beispiele versammelt, etwa aus der Gebrauchsanweisung für den Luftbohrer *spotle T575: Der Luftbohrer zum ausschließlichen Gegrauch der Schweissungswegnahme. Die Griff-Kraft ist atrk, die Sptze des Schnitts nicht zu gleiten, die Geschwindigkeit des Abschnitts ist schnell. Der Behrer ist dauerhaft.*

Die Gebrauchsanweisung für eine 12-Volt-Thermobox: *Sicher sein, dass der Schalter in der ricvhtigen Position für küklen oder herißen Zyklis ist. Zum prüfen dem richtigen kühlen oder beißen Zyklus, beruhren den inneren Aluminium-Überseedampfer dem Verwandeln der Werme vom Kühö zum Heiß oder Hals zum Kühl zu prüfen. Hemme nie dem Luft-Fließenaus. Die steclkdosen kann sehr gemein mit dem verbrannten Tabak werden.* Und aus der Gebrauchsanweisung für eine Luftmatratze aus Taiwan: *Wenn es Wetter kalt ist, wird der Puff unterlage sich langsam puffen. Entrollen der Puff Unterlage und liegen auf ihr, dann wird sie von der Wärme sich Inflationen bekommen.*

So viel zum Puff!

BEIPACKZETTEL VERHEISSEN DIE HÖLLE ODER BEWAHREN SIE UNS VOR IHR?

Eine besonders beklemmende Lektüre können medizinischen Gebrauchsanweisungen, also die Beipackzettel pharmazeutischer Präparate sein. Sie verheißen für bestimmte Beschwerden Erleichterung, ansonsten drohen sie aber seitenlang mit Ungemach. Wohl dem, der die Mittel nicht oder noch nicht braucht. Zufrieden der, der auf sie verzichten kann. Glücklich der, der ein Leben lang Gesundheit trainiert hat. Medikamente lehren uns eine Menge und der Beipackzettel ist ein vorzügliches Lehrbuch. Nur ein Beispiel. Bei einem Schmerzmittel ist besondere Vorsicht vonnöten ... *bei Abhängigkeit von Opioiden, bei Bewusstseinsstörungen, bei Störungen des Atemzentrums, bei verändertem Herz, bei erhöhtem Gehirndruck, bei niedrigem Blutdruck, bei vergrößerter Vorsteherdrüse, bei Gallenwegserkrankungen, entzündlichen Darmerkrankungen, bei Tumor der Nebenniere, bei Entzündung der Bauchspeichelsdrüse, bei Beeinträchtigung der Nierenfunktion, bei Schilddrüsenunterfunktion bei Neigung zu Krampfanfällen.*

Sehr häufige Nebenwirkungen sind Stimmungsveränderungen, Pupillenverengung, Verstopfung; häufige: Erbrechen, Allergische Reaktionen, Appetitabnahme, verminderte oder erhöhte Aktivität, Schlaflosigkeit, Denkstörungen, Wahrnehmungsstörungen, Verwirrtheitszustände, Kopfschmerzen, Schwindel, Geschmacksstörungen, Schwitzen, Juckreiz; Gelegentlich: Pulsbeschleunigung, Pulsverlangsamung, Blutdruckabfall, Blutdruckanstieg, Unwohlsein; Selten: Krämpfe der Atemwegsfunktion, Erhöhung Produktion von Bauchspeicheldrüsen-Enzymen, Gallenkoliken, Nierenkoliken; sehr selten: Psychische Abhängigkeit, Epileptische Krampfanfälle, Muskelzittern, gesteigerte Schmerzempfindlichkeit, Atemnot, Darmverschluß, Bauchschmerzen, Zahnerkrankungen, Doppelsehen, Augenzittern, Erhöhung der Leberwerte, Hautausschläge, Schwächegefühl, Schüttelfrost.

Und das alles bei einem einzigen Medikament.

Gute Besserung!

Das soll wohl eher die Pharmaindustrie vor Prozessen schützen als den Patienten.

Das wäre ein guter Kabarettsketch. Aber der ist nicht lustig.

UNSERE BEAMTEN ODER – WAS IST RESTMÜLLVOLUMENMINDERUNG?

Unsere Beamten haben große Schwierigkeiten mit der deutschen Sprache, sie sind weitgehend unwillig und unfähig, einen einfachen Tatbestand in verständliche Worte zu packen. Hier, in der *Süddeutschen Zeitung* gesammelt, einige Vokabeln Beamtendeutsch samt ihrer Übersetzung:

Beelterung – Vermittlung eines Kindes in eine Pflegefamilie

Fernmündlich – Telefonisch
Kindsmutter – Mutter

Ja, unsere Beamten halten in Ihren Amtsstuben am Althergebrachtem fest, sagen Fernsprecher zu einem Telefon und Ablichtung zu einer Kopie. Auch lieben sie Bandwurmwörter wie:

Restmüllbehältervolumenminderung – Müllabfuhr;
Luftverlastung – Hubschraubertransport;
Personenvereinzelungsanlage – Drehkreuz;
Raufutterverzehrende Großvieheinheit – Kuh;
Raumübergreifendes Großgrün – Baum.

Und die Einschulung muß im Amtsdeutsch natürlich zur *Beschulung* werden, das klingt fast wie Besamung. Die Mentalität der Beamten offenbart sich mit jedem Wort und jedem Satz: Sprache ist verräterisch.

JA, ES GIBT DIE BEAMTENMENTALITÄT!

Ich habe einen Roman geschrieben, *Der Märchenpilot*, ein Buch, in dem das Fliegen eine zentrale Rolle spielt, dann *die Wilsheimer*, eine achtteilige Fernsehserie für's Abendprogramm. Darin habe ich sogar mitgespielt und die flugunkundige Schauspielerin *Gila von Weitershausen* beim Fliegen gedoubelt: Mit einer Perücke und ihrer Kostümjacke war ich ein hübsches Kerlchen. Dann die dreizehnteilige Serie: *Zwischen der Flügen* oder *Landung bei Nebel*, wohl das einzige Theaterstück überhaupt, das auf einem Flugplatz spielt, nämlich in Wyk auf Föhr sowie viele Kurzgeschichten, Reportagen und Zeitungskommentare, die nur ein aktiver Pilot so formulieren kann. Also: alles beruflich und steuerlich absetzbar. Sollte man meinen.

Meine fliegerische Tätigkeit war bei Betriebsprüfungen, im Laufe meines Berufslebens bereits dreimal, immer wieder ein unüberwindlicher Streitpunkt.

Raufutter-
verzehrende
Großvieheinheit!
???
©BEIER

Die Beamtin: *Ihre Flugtätigkeit ist doch nur ein Hobby.*

Ich: *Fliegen ist bei mir eine berufliche Tätigkeit, ich bin also ein Fachbuchautor, ohne das Fliegen könnte ich nicht so lebensnah und sachlich richtig darüber schreiben.*

Die Beamtin, listig: *Macht Ihnen denn Fliegen Spaß?*

Ich, arglos, dumm: *Ja!*

Die Beamtin, triumphierend: *Sehen Sie! Was Spaß macht, kann nicht beruflich sein!*

Wie schändlich. Ein im Gedächtnis unlöschbarer Satz. Über diese Aussage bin ich noch heute, nach Jahrzehnten, humorfrei empört. Beamtenmentalität reinsten Wassers. Ich hätte sagen müssen: Mein Beruf macht mich glücklich – und er macht mir Spaß. (Also meistens).

EIN STÜCK AUS DEM TOLLHAUS

Wir Deutsche haben unangefochten ein Lieblingswort, ein Adjektiv und wir nutzen es wo wir nur können. Denn für die verschiedensten lobenden Eigenschaftswörter wird heute weitgehend ein einziges verwendet: das Wort *toll.*

Toll sagt man für alles: Eine tolle Frau – ein toller Wagen – ein toller Abend – ein tolles Essen – ein toller Film – eine tolle Ehe – ein toller Swimmingpool. Das TV-Magazin GONG etwa müht sich eigentlich um eine differenzierte Ankündigung der Fernsehsendungen. Nur dem Wort *toll* kann die Redaktion einfach nicht widerstehen.

Blättern wir einmal nach: Zum TV-Drama *Meine Heimat Afrika* am 7. Mai 2012: *Tolle Bilder.* Zu *Pfarrer Braun* am 10. Mai: *Mit Spannung und tollen Aufnahmen von der Zugspitze.* Zu *King Arthur* auf Kabel 1 am 16. Mai: *Beeindruckende Kämpfe, ein tolles Ensemble.* Gleich auf der nächsten Seite zu *Sleepy Hollow* in SAT 1 am 17. Mai: Die *schaurig-schöne Horrormär bietet finstere Bilder, viel Atmosphäre und tolle Darsteller.* Das Erste am 18. Mai, zu *Der*

Rekordbeobachter: Ein ruhiger, nachdenklich stimmender Film mit einer Paraderolle für Axel Milberg. Dazu tolle Inselbilder. Und, wirklich, nur drei Sendungen weiter, unten in der selben Rubrik: Ein Vater zum Verlieben: *Toll dosierte Unterhaltung.* 19. Mai WDR, Das Lied der Sperlinge: *Mit toller Bildersprache.* 22. Mai, ZDF: *Dazed and Confused: Cooles Portrait einer Generation mit toller Musik.* 22. Mai, am selben Tag also, ARTE, *Das Versprechen* mit Jack Nicholson: *Düster und toll gespielt.* 23. Mai, ARTE, *Das letzte Schweigen: Tolle Schauspieler!* 24. Mai, ZDF *Marie, ihm schmeckts nicht. Witzige temperamentvolle Sommerkomödie mit origineller Besetzung, schönen Bildern und tollem Soundtrack.* Und schließlich am 25. Mai, ARD, *Das Leben ist ein Bauernhof: In ihrem ersten TV-Film feiert Jungschauspielerin Katharina Leonore Goebel mit bayerischem Charme und Dialekt ein tolles Debüt.*

Der Gong liebt das praktische Vierbuchstabenwort so sehr, dass in der Ankündigung zu: *Die Auferstehung*, einer Literaturverfilmung nach Tolstoi, der unglückliche Dichter mit zwei *ll* geschrieben wird. *Tollstoi!* Wohin man hört, wohin man schaut: Die Allzweckwaffe taucht überall auf, auch in Interviews: Piratenchef Bernd Schlömer: *Die Piraten haben ein tolles Ergebnis eingefahren!* Außenminister Guido Westerwelle: *„Ich freue mich, dass es meinem Freund Kubicki gelungen ist, ein so tolles Ergebnis für die FDP einzufahren“.*

Schauspielerin Nicole Krebitz braucht keinen Mann, um glücklich zu sein. *Verliebt zu sein ist toll, aber das war nie meine Hauptaufgabe im Leben.* (Im Leben? Wo sonst?)

Schauspielerin Tanja Wedhorn auf die Frage, ob Sie und ihr Mann ein weiteres Kind planen: *wenn man wie wir zwei tolle Kinder hat, ist die Verlockung groß, einfach weiterzumachen.*

Mavie Hörbiger, aus der der berühmten Burgtheater-Schauspielerfamilie, steht mit der Cousine ihres Vaters, Elisabeth Orth, zusammen in Wastewater auf der Bühne. *Mit jemand probieren zu dürfen, der als Schauspielerin so toll ist … das ist wirklich ein Geschenk.*

Bundestrainer Joachim Löw auf die Frage nach der Sehnsucht im Land nach einem Titel: *Nun, es ist sicher toll, einen Titel zu gewinnen.* Und an anderer Stelle: *Fußball ist toll!*

Die Ministerpräsidentin von Nordrhein-Westfalen, Hannelore Kraft, nach der Wahl in NRW: *Das Ergebnis war ein Tollgefühl!*

Interview mit Olympia-Schwimmsiegerin Britta Steffen über die Einsamkeit im Höhentrainingslager: *Mein Tagesablauf sieht so aus: Essen, Training, Essen, Mittagsschlag, Training und manchmal eine Folge der US-Krimiserie Monk. Ich liebe Monk. Ich finde den toll.* Und etwas später, über ihre Oma: *Alte Menschen haben immer etwas Weises an sich, und ich finde meine Oma toll.*

Und immerhin, Felicitas Hoppe, vielgerühmte und sensible Autorin, die sich auch mit dem Büchner-Preis schmücken kann, mag im Interview schöne Adressen, die einfach *toll* klingen und würde gern ein Label gründen, denn das wäre doch *toll.*

Und sogar die *Süddeutsche Zeitung*, die zumeist auf anspruchsvolle Wortwahl achtet, untertitelt auf der Medienseite: Die HBO-Serie *The Newsroom, inszeniert einen Journalismus, der toll aussieht – aber ein bisschen naiv wirkt.*

Vorzuschlagen wäre ein voluminöses Sparschwein, in das man nach jedem *TOLL* einen Euro steckt. Da würde ein nettes Urlaubsgeld zusammenkommen. Und der Porsche obendrauf.

Dabei gäbe es für dieses schlichte Adjektiv etwa zweihundertfünfzig andere, bessere, treffendere, plastischere, genauere Alternativen, vielleicht: aufregend, wunderbar, wundervoll, ausgezeichnet, hochinteressant, grandios, hinreißend, glänzend, herrlich, liebevoll, grandios, schön, künstlerisch, brillant, fantastisch, blendend, super, unübertrefflich, bewegend, komisch, tragisch, bewundernswert, perfekt, unvergesslich, überragend, bezaubernd oder einfach auch nur gut.

VERMUMMUNG UND MASKIERUNG

Demonstrationen sind alltäglich in einer Demokratie, mit denen die Aktivisten politische oder kulturelle Veränderungen bewirken wollen, das ist ihr gutes Recht, und manchmal wundert man sich, dass sie oft wochenlang Zeit dafür haben. Demonstrationen können Sternstunden wortgewaltiger Redner sein. Demonstranten reagieren auch Wut ab, die Vermummten, die Maskierten werden gern gewalttätig, dann folgen wie bei einem Ritual die Auseinandersetzungen mit der Polizei. Menschen werden verletzt und Autos demoliert. Aber sind die Vermummten auch Demonstranten? Nee. *Demonstrare* ist lateinisch und heißt *zeigen, sich zeigen*. Wer demonstriert, sollte sich und sein Gesicht verdammtnochmal zeigen, er oder sie steht oder sitzt ja tagelang für eine Sache auf der Straße, die er oder sie für gut hält und die er oder sie durchsetzen will. Einer der sieben Weltweisen, Bias von Priene, aus der kleinen türkischen Hafenstadt in der Ägäis, die schon Alexander der Große gefördert hat, hat diesen wichtigen, damals wie heute aktuellen Satz geprägt: *Gewinne durch Überzeugen und nicht durch Gewalt.*

BIN MUTTER JESSICA

Wenn wir Ihnen Deutsch lehren wollen, ist zu beachten, dass es dabei nicht nur auf jedes Wort, sondern auch auf jeden einzelnen Buchstaben ankommt. Meine Komödie *Jessica kommt zurück* beruht auf einem Missverständnis, das sich wirklich ereignet hat. Jessica, eine junge Studentin, die ein Jahr in den USA verbracht hat, telegrafiert – na ja, das war vor den Zeiten von Skype und Handy – kurz vor ihrem Rückflug ihren Eltern aus Virginia BIN MUTTER JESSICA. Die überraschten und erschrockenen Eltern hadern zuerst mit dem Schicksal, fügen sich dann in das Unabänderliche und kaufen Wiege, Babykleidung, erstes Spielzeug, und die nötigen Puder und Cremes, auch ein Kinderzimmer wird provisorisch hergerichtet. Jessica wird am Flughafen empfangen und mit der Frage bestürmt, wo denn das Baby sei. Jessica schüttelt befremdet den Kopf: Welches Baby denn? Die Eltern zeigen ihr das Telegramm und Jessica beginnt hemmungslos zu lachen, ohne weitere Auskunft zu geben. Später klärt sie das Mißverständnis auf: Sie habe telegrafiert: BIN MUNTER JESSICA. Das amüsiert zwar die Zuschauer, nicht aber Jessicas Eltern. Der Irrtum löst eine saftige Ehekrise aus und es kommt zu einer Auseinandersetzung, die fast bis zur Scheidung führt.

DAS i OHNE PUNKT

Aber nicht nur ein falscher Buchstabe kann Unheil anrichten, auch ein falsch gesetzter Punkt bringt unter Umständen Ärger. Auf einer Reise in die Türkei vor einigen Jahren bin ich weder in der Hotelhalle noch im Internetcafé imstande gewesen, eine E-mail abzusetzen. Einmal oder zehnmal versucht, immer wieder hieß es: *Anschrift oder Passwort falsch, das Login ist gescheitert.* Ich habe Adresse und Kennwort neu eingegeben, Buchstabe für Buchstabe, langsam, korrekt, immer wieder kontrollierend. Der Zugang blieb mir verwehrt. Bis mir ein hilfreicher Hotelgast, ein Düsseldorfer, endlich erklärte, dass es in der Türkei mehrere unterschiedliche Buchstaben zu den unseren gäbe, das *S* mit einem Häkchen darunter, werde wie *SCH* ausgesprochen und außerdem gäbe es da noch ein zweites *ı*: Ein *ı* ohne Punkt über dem Buchstaben. Der fehlende Punkt bedeute, dass man das Wort nicht wie ein *i* ausspreche, sondern eher wie ein kurzes abgehacktes *e*. Das beliebte alkoholische Getränk *Rakı* wird also *Rake* ausgesprochen und die Hafenstadt *Kusadası* richtigerweise *Kusadase*. *Balık* ohne Punkt auf dem *i* heißt Fisch, wird also eher *Balek* ausgesprochen. Das *ı* ohne Punkt stehe aber in der türkischen Tastatur dort wo bei uns das *i* und das deutsche *i* sowieso ganz woanders. Alles klar?

Meine E-mail-Adresse *Pillau-Berlin* hieß also eher *Pellau-Berlen*. Ich suchte und fand das *i* mit Punkt, gab Adresse und Kennwort ein und konnte künftig ohne jede Einschränkungen meine Nachrichten in die Welt schicken oder solche empfangen.

DIE VERDAMMTEN ADJEKTIVE

Adjektive sind ein schwieriges Kapitel. Oft werden Adjektive, Eigenschaftsworte also, zu häufig verwendet. Man kann Texte damit überladen. Bei einem erfolgreichen Buch der letzten Jahre ist mir das besonders aufgefallen. Der vielfach und zu Recht preisgekrönte Roman *Der Turm* von Uwe Tellkamp, der auch als Fernseh-Zweiteiler sehr erfolgreich war, enthält auf rund tausend Buchseiten je fünf unnötige, nur belastende und aufschwemmende Adjektive, also zusammen etwa fünftausend zu viel. Würde man diese fünftausend Worte streichen, entstünde ein makelloses, grandioses Werk.

In den Zwanzigerjahren des vorigen Jahrhunderts war Theodor Wolff Chefredakteur des *Berliner Tageblattes*. Der bestellte jeden neuen Reporter zu sich und riet ihm eindringlich: *Junger Mann, wenn Sie beabsichtigen, ein*

Adjektiv zu verwenden, kommen Sie vorher zu mir in die Chefredaktion.

Dieser Rat bestätigt den Satz, den viele Autoren und Buchkritiker unterschiedlich formuliert haben: *Stil lebt vom Opfer.* Man darf nicht alles schreiben, was einem einfällt. Das heißt, man darf schon alles schreiben. Aber danach muss gestrichen werden.

APROPOS PRESSE!

Natürlich bringen uns auch die Zeitungen Deutsch bei. Eine Tageszeitung sollte immer noch tägliches Pflichtpensum sein. In den Zeitungen mit Niveau findet sich normalerweise ein gutes Deutsch. Ich bin ein Zeitungsfanatiker, wahrscheinlich zeitungskrank, wie der gutartig spöttische Journalist Bernd Philipp in einem *Morgenpost*-Interview aufdeckte. Denn ich lese, möglichst gründlich, täglich mindestens drei, wenn mir beim Zeitungshändler eine interessante Schlagzeile oder der Hinweis auf ein fesselndes Thema auffällt, auch schon mal fünf Blätter. Im vergangenen Jahrhundert habe ich ganze Jahrgänge von Zeitungen gesammelt, um im richtigen Moment wichtige Fakten nachschlagen zu können. Der Dachboden ächzte. Die große Zeitungsschere lag immer bereit, damit man einzelne Artikel aus den täglichen zweiunddreißig oder mehr Seiten retten und aufbewahren konnte. Wichtige Rezensionen landeten zwischen den Seiten von Büchern in der Bibliothek.

Die geliebte aber nicht mehr existierende Berliner Zeitung *Der Abend*, mittags schon mit den Kritiken des Vorabends erscheinend, habe ich jahrelang komplett gesammelt und gebündelt in einem schwer zugänglichen Verschlag auf dem Dach aufbewahrt. Beim Verkauf des Hauses wurden viele Jahrgänge dieser Zeitung dort zurückgelassen und ich frage mich, ob sie die neuen Hausbesitzer je entdeckt haben oder ob sie noch heute dort liegen. Inzwischen ist der Computer, ist das Internet zum virtuellen Zeitungsarchiv geworden. Aber leider kann so ein Computer auch schon mal *crashen* und alle Dateien, Mails und das Adressbuch mit über tausend Namen sind verloren. Deshalb sollte man immer eine externe Festplatte oder USB-Sticks in Reserve haben.

Ich mag es nicht, wenn *meine* Zeitung – eine meiner seltenen Fälle von Besitzdenken – zuerst von anderen gelesen, also entweiht und dann vielleicht auch noch falsch zusammengelegt wird. Ich starre in der U-Bahn auf die Zeitung, die mein Gegenüber in Händen hält, selbst wenn es eines meiner Blätter ist, das ich ohnehin lese. Ich kenne die Kürzel der wichtigsten Kommentatoren und schreibe Leserbriefe, wenn die Ereignisse es erfordern oder Beiträge mich ärgern. Änderungen im Schriftbild, im Layout fallen mir sofort auf und ich brauche lange Zeit, um mich daran zu gewöhnen. Ich überfliege monatlich das Impressum, um in den verschiedenen Ressorts Wechsel unter den Redakteuren zu entdecken. Ich bin empört, wenn Reisende im ICE Zeitungen nur flüchtig durchblättern und dann achtlos zurücklassen. Ich würde ihnen am liebsten eine Standpauke halten, aber das wäre Zeigefingermentalität, es geht mich ja nichts an, was sie aus ihrer Zeitung herausholen oder nicht und sie würden sich zu Recht gegen die Bevormundung verwahren. Aber was ihnen da alles entgehen kann!

ÄRGER MIT DEM RECHTSCHREIBPROGRAMM

In die Arbeit eines Autoren mischt sich oft das Rechtschreibprogramm ein, wenn er mit dem Computer arbeitet. Der elektronische Helfer steht ganz unkritisch zur schändlich unsensiblen Rechtschreibreform, die mir noch heute immer wieder Magenschmerzen bereitet. Hier hat ein Gremium von bedeutenden Leuten viel Unsinn angerichtet.

Oft geht es nicht nur um Orthografie und Grammatik, das wäre ja hilfreich, sondern um die Wortwahl! Der Computer mischt sich renitent in alles ein. Leider kommt man dann zu völlig falschen Ergebnissen. Also: eine E-mail an den Bühnenverleger *Per H. Lauke*. Sofort wird die Schreibarbeit rüde unterbrochen. Das Rechtschreibprogramm ist nicht einverstanden. Es doziert: Lauke ist falsch. Schreiben Sie: Luke, Lanke oder Laute. Aber was würde Herr Lauke sagen, wenn man ihn mit Luke, Laute oder Lanke anschriebe?

MÜLLER IST TOT. SEITDEM LEBT ER NICHT MEHR

Wir sind pensioniert. Wir brauchen nicht mehr arbeiten. Da monieren sprachempfindliche Menschen gern das fehlende *zu*, weil sie brauchen gern mit *zu* gebrauchen. *Scheinbar* (also vermeintlich, nicht in Wirklichkeit) und *anscheinend* (also offenbar, wahrscheinlich) wird täglich hunderttausendfach verwechselt, auch von Journalisten und anderen, die die Sprache beruflich nutzen und es eigentlich doch besser wissen müssten. Ebenso und noch häufiger falsch verwendet wird *seit* und *seitdem*. Müller ist tot. Seitdem lebt er nicht mehr. Meist heißt es aber: Seitdem Müller tot ist, lebt er nicht mehr. Seitdem heißt ja im Grunde: *seit diesem* Ereignis. Liest man einen Satz, der mit *seitdem* beginnt, weiß man schon, dass er falsch ist. Die Merkhilfe ist einfach: Immer, wenn man *seit* sagen kann, *muss* man *seit* sagen! Augenscheinlich ist das Verwechseln von seit und seitdem eine süddeutsche Angelegenheit. Selbst die Leitartikler der angesehenen *Süddeutschen Zeitung* verwenden oft instinktsicher die falsche Fassung.

Martin Mosebach, viel gerühmter und preisgekrönter Frankfurter Autor, schreibt bereits im zweiten Kapitel seines

Romans: *Was davor geschah: Seitdem der große verfaulte Baum gefällt worden war, fiel von diesem roten Licht etwas in mein Zimmer* … Ächz und Stöhn: nein, es sollte heißen: *seit* der große verfaulte Baum gefällt worden war … oder, bitte, meinetwegen: Der große verfaulte Baum war gefällt worden. *Seitdem* fiel von diesem roten Licht etwas in mein Zimmer. Hat ein Autor nicht auch einen Lektor? Und dann fragt man sich immer: Sind denn die überflüssigen drei Buchstaben so wichtig? Muss man sich nicht schämen, wenn man sie moniert? Wenn man sie übrigens in einem Dialog schreibt, mag es angehen, Dann hat ja der schludrige Sprecher, die erfundene Figur, falsches Deutsch gesprochen. Aber in der Prosa sollte man schon nach Vollkommenheit streben. Und so streicht man die Stelle lehrerhaft mit leuchtend rotem Stabiloboss an.

VOM KONJUNKTIV DER NICHT EINFACH IST

Über den Konjunktiv mit seinen Tücken und Fallstricken könnten dicke Bücher geschrieben werden, wenn es sie nicht schon gibt. *Schulz sagte, er würde die Griechen wegen der in Hellas herrschenden Korruption ablehnen.* Nein! Wozu würde? Er lehne sie ab … Er *würde* sie nur ablehnen, *wenn* sie weiterhin korrupt wären. Auf das *würde* also sollte fast immer ein zweiter Satzteil folgen, der die Bedingung enthielte.

Aber sollen wir dauernd den Oberlehrer spielen? Wollen wir uns kleinkariert geben, Beckmesser sein und jeden korrigieren, der nicht ganz richtig spricht? Nein, den Gesprächspartner sollte man nicht bei jedem zweiten Satz verbessern, man sitzt ja selbst im Glashaus. Die so Geschulmeisterten würden sich zu Recht verbitten. Aber stören darf es einen schon.

HEUTE WATET MAN FAST ÜBERALL DURCH FEUCHTGEBIETE

An Romanen und Anthologien mit saftigen, erotischen und auch pornographischen Gedichten fehlt es nicht. Irgendwo muss sich der Autor, der ein Leben lang am Schreibtisch sitzt auch einmal austoben und die sprichwörtliche Sau raus lassen dürfen, auch wenn er ansonsten ein superseriöser Lyriker oder Romancier ist. Früher wurden erotische Bücher oder literarisch getarnte oder gar ungenierte Pornos unter der Ladentheke verkauft. Heute haben sie in den Buchkaufhäusern eigene Abteilungen und die Kunden blättern die Bände ganz selbstverständlich durch.

Bertolt Brecht hat unglaublich zarte und sensible Gedichte geschrieben, daneben aber auch ungeniert eindeutigee Texte, ohne verbale Umschreibungen.

In England macht die Erfolgsautorin E. L. James von sich reden, hinter dem Synonym verbirgt sich, verrät der TAGESSPIEGEL, die 49-jährige, in London lebende Erika Leonhard. In den Talkshows ist von Peitschen, Genitalklammern, Analverkehr und Fisting die Rede. E. L. James hat nicht gerade einen Softporno geschrieben. Aber für sie ist das Buch eigentlich nur eine Liebesgeschichte. Vielleicht gehen Liebe und purer Sex künftig Hand in Hand.

Früher musste der interessierte Leser in gewagten Romanen nach „Stellen" suchen, längst gibt es aber sprachlich und in der Ausdrucksweise keine Tabus mehr. Heute watet man, Siegfried Lenz' Werke mal ausgenommen, fast überall durch Feuchtgebiete.

Kaum zu glauben, dass Felix Salten, der österreichische Autor der sanften Rehgeschichte *Bambi* auch die deftige *Mutzenbacherin* geschrieben haben soll. Früher wären Eltern verzweifelt gewesen, hätten sie bei ihren Kindern diesen Titel gefunden. Heute können sich die lieben Kleinen mühelos alles auf ihrem Computer herunterladen, was früher tabu war und die Eltern müssen es verkraften und kommentieren.

Früher haben die Schriftsteller sorgfältig darauf geachtet, Umschreibungen für delikate Vorgänge vorzunehmen. Theodor Fontane zum Beispiel in *Schach von Wuthenow*. Hier muss man zweimal, nein sogar dreimal zurückblättern, um auch nur zu ahnen, was sich zwischen dem Fräulein von Carayon und dem Rittmeister Schach ereignet haben muss, damit sie ein Kind bekommt.

Arthur Schnitzler geht da schon offener zur Sache: Etwa in dem erotischen aber verbal dezenten Bühnenstück *Anatol*, mit dem lebenslustigen und unbedenklichen Bräutigam, bei dem noch am Hochzeitsmorgen eine andere Dame nach zärtlicher Verabschiedung betrübt aus dem Bett springt.

Unsereiner, wenn auch kein Spezialist in diesem Genre, weiß sehr wohl um die große Triebhaftigkeit des Menschen. Auch ich bin ein davon Betroffener. Kürzlich habe ich ein Restaurant in der Mark Brandenburg verlassen und blieb in der Tür stehen. Da verhieß ein mit Tesafilm befestigtes Plakat: *Sonntag: Knutsch- und Kremserfahrten!*

Na ja hübsch, dachte ich, eine nette Idee, verließ das Lokal und blieb stehen. Nein. Zu merkwürdig. Das Plakat konnte nicht stimmen. Kehrte zurück und las diesmal richtig: *Sonntag: Kutsch- und Kremserfahrten!*

Aber das halbe Leben besteht eben aus Enttäuschungen.

WIR SCHENKEN IHNEN EIN BIKE!

Die Sprache in der Werbung legt nicht so sehr viel Wert auf die Ehrlichkeit. E-mail unseres Stromanbieters: *Sehr geehrtes Ehepaar Pillau, wir schenken Ihnen ein Bike!*

Na bitte! Das ist doch mal was. Das lässt sich hören. Unser Stromversorger, sonst nicht bescheiden im Nehmen, schenkt uns was. Ein Bike nimmt man doch gern als Geschenk. Diese Leute sind wirklich nett. Aber meist kommen das *wenn* und das *aber* hinterher. Oder das *vorausgesetzt*: Wir schenken Ihnen ein Bike … und abgesetzt, aber gleich danach: vorausgesetzt, Sie werben sechs Neukunden. Vorausgesetzt? Na ja, dann ist das Bike aber doch kein Geschenk, sondern die eher kärgliche Bezahlung für eine beachtliche Leistung. Sechs Neukunden sind nicht einer! Mit dieser Werbeaktion hat man zu tun.

LERNT ENDLICH KIEZDEUTSCH

Ein neues Phänomen der Sprache macht seit einiger Zeit von sich reden: Das sogenannte Kiezdeutsch. Es gibt sich wesentlich einfallsreicher und heiterer als seine seriöseren Ursprünge – aber gibt es das Kiezdeutsch überhaupt?

An der Potsdamer Universität erforschen Kreuzberger Schüler ihren Slang, das *Kiezdeutsch*: Das Projekt heißt: *Lass mal Sprache erforschen!*

Kiezdeutsch, erklärt Projektleiterin Heike Wiese der *Morgenpost*, ist ein eigenständiger Dialekt und als solcher eine Bereicherung für unsere Sprache.

Also. Furkan legt los:

Shu, wie geht's?

Shu kommt aus dem Arabischen und heißt einfach hallo!

Isch hab disch gemessert –

Ich hab dich erstochen: Aber keine Angst: das braucht man nur bei Computerspielen.

Du bist voll der Opfer –

Du bist dumm.

Komposti oder *Grufti* als Begriff für alte Leute sei nicht echt, sagen sie, das ist am Schreibtisch erfunden.

Aber authentisch ist:

Moruk, komm mal her!

MORUK*1, Isch mach disch Urban.*2
*1 Moruk heißt entweder Alter Sack oder auch Kumpell
*2 Ich mach dich reif fürs Urban-Krankenhaus!
No fear
©BEIER

Moruk heißt entweder Alter Sack oder auch Kumpel.

Und:

Isch mach disch Urban.

Ich mach dich reif fürs Urban-Krankenhaus! Ist aber normalerweise auch nicht wörtlich zu nehmen.

Auf diese Weise sprachlich gerüstet für Berlin-Kreuzberg, Wedding oder Moabit fällt man als Kiezfremder nicht sofort auf. Gerhard Siebert aus Düsseldorf, Leser der *Süddeutschen Zeitung*, hat das Kiezdeutsch auf Kiezdeutsch begrüßt:

Ist echt jokig! Blödes altes Deutsch kannst in die Tonne treten, ey, ist voll ätzend. Voll fett, endlich zurückkriegen verlorenes Optionen von Evangelientexten. Boah! Echt geil, boah! Mussen auch Flicht werden für Politiker.

CARPE DIEM! IN MEDIAS RES! NON SCHOLAE SED VITAE DISCIMUS! PER ASPERA AD ASTRA! MENS SANA IN CORPORE SANO! ERRARE HUMANUM EST! COGITO ERGO SUM!

Deutsch lernt man auch mit Latein. Unzählige Worte unserer Sprache sind abgeleitet aus dem Lateinischen. Wer bei einem guten Latein-Lehrer Unterricht hatte und obendrein auch noch zugehört und gelernt hat, ist in der Lage, Texte aus romanischen Sprachen zu verstehen oder auch einer katholischen Messe ohne große Mühe zu folgen.

Leider hat das Latein heute stark an Bedeutung verloren, dabei ist es immer noch eine recht lebendige Sprache. Meine Wiener Cousine konnte sich in den Vierziger Jahren an der Uni mit ihren Kommilitonen auf Lateinisch unterhalten, das war *hoch gebildet* und sehr vergnüglich. Heute müssen wohl selbst Ärzte nicht mehr das große Latinum fürs Studium vorweisen. Mein Bruder, ein beliebter Allgemeinarzt im Münchener Osten, nahm auf einem Hausbesuch einen jungen Praktikanten mit. Der Student fragte im Beisein des Patienten nach dem Befund und mein Bruder murmelte nur *Nihil* – also nichts. Auf der Straße fragte der junge Mann: *Nihil – ist das eine schwere Krankheit?*

AUCH DAS THEATER LERNT UNS DEUTSCH!

Wenn wir besser deutsch sprechen wollen, und das hat fast jeder von uns nötig, dann gibt es da zwei große Hilfen: Das Theater und die Literatur. Auch und vor allem das Theater *lernt uns Deutsch.* Theater kann Glücksgefühle vermitteln, Einsichten bringen und unser Leben bereichern. Es erlöst Einsame für Stunden aus ihrer Einsamkeit. In jedem Fall verhilft das Theater zu mehr Sprachgefühl. Es vergrößert den Wortschatz. Es gibt Sicherheit für eigene Formulierungen, ohne dass man etwas nachäffen muss. Es führt aus der selbst verschuldeten Isolation vor dem Bildschirm heraus. Theater gehört dazu, schon seit zweitausend Jahren, und es produziert Formulierungen, Lebensweisheiten, Redensarten und Sprichwörter, von denen man meist gar nicht weiß, woher sie kommen. Für einen Nicht-Theaterwissenschaftler wäre es schon eine Lebensaufgabe, über fast alle Klassiker mitreden zu können. Sagen wir, willkürlich und kurz herausgegriffen: Goethe, Schiller, Lessing, Kleist, Horvath, Brecht, Büchner, Wedekind. Ionesco, Sternheim, Shaw. Hauptmann, Tschechow, Giraudoux, Anouilh, Ionesco, Schnitzler, Hofmannsthal, Moliere und Wilde. Vielleicht auch Kipphardt, Borchert, Thoma. Und nun, aus lauter Hilflosigkeit alphabetisch vor dem endlosen Reichtum an starken Dramatikern aller Coleur: Edward Albee, natürlich Aischylos, Aristophanes, Marcel Aymé, Balzac, Barlach, Beckett, Brendon Behan, Thomas Bernhard, Bond, Bruckner, Calderon de la Barca, Camus, Cervantes, Claudel, Cocteau,

Dorst, Dürrenmatt, Eliot, Euripides, Faulkner, Feuchtwanger, Fleißer, Frisch, Fry, Garcia Lorca, Genet, Gide, Gioni, Gogol, Goldoni, Grillparzer, Hacks, Hebbel, Ibsen Kleist, Kroetz Maugham, Miller, also Arthur, Müller, also Heiner, Moliére, Nestroy, und von hier ab aus Verzweiflung über die Vielfalt, immer geraffter: O'Neill, Osborne, Pinter, Pirandello, Priestley, Raimund, Saroyan, Shakespeare, Sartre, Sternheim, Sophokles, Strindberg, Sudermann, der sich sogar ein Schloß in der Mark Brandenburg erschrieben hat, Tabori, Thomas, also Dylan, Tolstoj, also Lev Nikolajewitsch, Tschechow, auch Cechov geschrieben, Tennessee Williams, Zuckmayer, Stefan Zweig.

Und dann, ein wenig genierlich, ein paar von denen, die nicht mehr *E* sondern *U* sind, die wir also getrennt von der Elite aufführen müssen: Arnold und Bach, Ayckburn, Hermann Bahr, Bush-Fekete, Coward, Fodor, Fo, Goetz, Guitry, Kästner, Kishon, Klabund, Pagnol, Polgar, Neill Simon, Thoma, Ustinow, Wedekind, Werfel.

Wer all diese Autoren, mit all ihren Stücken oder auch nur einen Teil davon an langen Abenden in Theatern durchgearbeitet, miterlebt, genossen oder miterlitten hat, kann in jeder Runde mitreden. Natürlich ist die Liste subjektiv, angreifbar, lückenhaft, auch die Einordnung in E und U dürfte Entrüstung bei Repräsentanten des E(rnsten) zur Folge haben, aber sie entspricht, natürlich unvollständig, in etwa meiner Theaterwelt. Lesen kann man die Stücke auch, aber das von guten Schauspielern gesprochene Wort bringt sie erst so richtig zum Strahlen. Nachlesen kann man, nach der jeweiligen Vorstellung, immer noch. Und manchmal besucht man eine Theateraufführung, obwohl man das Stück mitsprechen könnte und trotzdem wird der Abend zum Genuß.

MANCHMAL KOSTET THEATER NICHTS

Studenten, Arbeitslose und andere Mitbürger, denen die Kosten für einen Theaterabend oder einen Konzertbesuch zu hoch sind, können sich an eine verdienstvolle Institution wenden, die ihnen kostenlos zu Eintrittskarten verhilft: die KULTURLOGE, eine Organisation, die Abkommen mit vielen Theatern geschlossen hat, um Menschen, die knapp bei Kasse sind, kulturelle Erlebnisse zu ermöglichen. Vor Kurzem gab es ein bundesweites Arbeitstreffen, weil die Zahl der aktiven Kulturlogen von sieben auf inzwischen fünfundzwanzig gestiegen ist und sich in sechzehn weiteren Städten Kulturlogen in Gründung befinden.

DAS ALSO IST DES PUDELS KERN

Wir benutzen heute Redensarten und Sprichwörter, von denen wir meist gar nicht wissen, woher sie kommen. Täglich gebrauchen wir sie um Dinge, Situationen und Gefühle zu beschreiben.

Johann Wolfgang von Goethe, der von 1749 bis 1832 lebte, hat Formulierungen im Dutzend geprägt, die auch heute noch nach Jahrhunderten „genau ins Leben passen" und immer wieder hochaktuell sind. Etwa in *Iphigenie auf Tauris*: *Du sprichst ein großes Wort gelassen aus* oder *Und am Ufer steh' ich lange Tage, das Land der Griechen mit der Seele suchend.*

Das Land der Griechen ... wenn das kein Kommentar zu heutigen Ereignissen ist! Den Löwenanteil an Zitaten aber hat Goethe mit seinem Faust geschaffen. Man kann den Eindruck bekommen, das der fast ausschließlich aus unsterblich gewordenen Sätzen besteht. Mephistopheles sagt: *Besonders lernt die Weiber führen; es ist ihr ewig Weh und Ach so tausendfach aus einem Punkt zu kurieren.*

Faust im Faust I: *Das also war des Pudels Kern!*

Der Schüler erkennt: *Denn was man schwarz auf weiß besitzt, kann man getrost nach Hause tragen.* Faust wiederum meint: *Die Botschaft hör ich wohl, allein mir fehlt der Glaube.* Mephistopheles sagt zynisch: *Die Kirche hat einen guten Magen, Hat ganze Länder aufgefressen und doch noch nie sich übergessen.* Und Wagner begreift: *Die Kunst ist lang! Und kurz ist unser Leben.*

ES GIBT JA THEATER FÜR CHEFS UND FÜR TIPPSEN, DEN VATER VON STRINDBERG DIE NORA VON IBSEN

Theater gibt's lang schon. Auch wenn man sich wundert.
Nicht nur bei den Griechen. In jedem Jahrhundert!
Es gibt ja Theater für Chefs und für Tipsen,
Den *Vater* von Strindberg, die *Nora* von Ibsen.
Skandale gab's immer. Auch früher, kaum glaubt man
den Krach bei den *Webern*, also denen von Hauptmann.
Und selbst Majestät hasste sehr die infamen
proletarischen und auch zersetzenden Dramen.
Theater ist immer umstritten gewesen,
Man muss Alfred Kerrs starke Kritiken lesen.
Und immer verdrängte das Neue das Alte,
selbst Sudermann ging, und sein Name verhallte.

In den Zwanzigerjahren, da stand es in Blüte,
es wurde gelacht, auch die Leidenschaft glühte.
Da gab es Max Reinhardt, Werner Krauss und Piscator,
und Brecht war ein Dichter, Genie und Plagiator.
Theater war Jux. Und Protest oder Laster.
Man hatte kein Geld. Aber dafür doch Zaster.
Da sah man Fritz Kortner, Ernst Deutsch in den Dramen,
Die Dorsch und die Bergner und andere Damen.

Und Heinrich George, Emil Jannings, ach, viele.
Die besten endeten oft im Exile.
Es kam Adolf Hitler, der hat sie vertrieben,
und viele ermordet. Und andere blieben.

Der Krieg war zu Ende im Mai fünfundvierzig,
Und auch das Theater? Wer so denkt, der irrt sich.
Denn wer überlebte, verließ seinen Keller
und hatte zwar Hunger, und nichts auf dem Teller,
und fuhr dann zum Hamstern aufs Land und ins Grüne,
doch hatte man Sehnsucht nach Kulisse und Bühne.
Die Knef und Hans Söhnker waren damals Idole,
Man zahlte mit Reichsmark. Noch besser mit Kohle.
Es wuchsen Theater aus fast jedem Krater,
Kurt Raeck und die Wölffers, sie machten Theater.
Theater bei Not interessiert nicht die Bohne?
Das denkt man. Und trotzdem: es geht ja nicht ohne!

Die Mauer, sie teilte dann unser Theater,
im Westen war Barlog, der Schauspielervater.
Das Schloßparktheater war fast immer voll, Mann,
ob Held oder Wigger, ob Henniger, Bollmann.
Es machten die Gorvin und Bassermann Kasse.
de Kowa, Minetti und auch O. E. Hasse.
Thomalla und Platte warn Delikatessen,
auch Mary und Gordy will ich nicht vergessen.
Geschonnek und May waren drüben parater,
Berliner Ensemble und Deutsches Theater.
Nun ist alles anders, wir hören neue Namen.
Unzählige gingen. Und andere kamen.

Theater macht hungrig.
Theater macht fit.

Theater ist Da-Sein. Wir leben damit
Theater ist Nah-Sein.
Wir leben damit ... !

WOLLEN SIE SICH DIESES STÜCK WIRKLICH ANSEHEN?

Diese Hymne auf's Theater muss relativiert werden. Im Programm des Berliner Theaterclubs warnt der verdienstvolle Chef und Gründer Otfried Laur mit roter Schrift vor Aufführungen, die in Bezug auf Ästhetik, Geschmack und Durchhaltevermögen an den potentiellen Besucher erhebliche Anforderungen stellen, von Regisseuren und Intendanten die auffallen wollen, die sich wünschen, dass prominente Kritiker anreisen, um ihnen mehr Bekanntheit zu verschaffen und die Stücke vernichten, um sie neu zu erschaffen.

Sie vertrauen dem Wort nicht mehr. Das, was Dichter, was Autoren zu sagen haben, reicht ihnen nicht. Sie glauben nicht mehr daran, dass Theaterbesucher zuhören können, sie müssen ihre Inszenierungen um jeden Preis optisch und klanglich aufmotzen: mit Musik, mit Exzentrik, mit Akrobatik, mit Sex in möglichst vielen Stellungen, weltanschaulichen oder politischen Vorträgen, Dramatisierung von Leitartikeln, mit dem Einsatz von Laien, mit Texten aus anderen Stücken mit philosophischen Abhandlungen, mit Entdramatisierung, mit Improvisationen, mit Langeweile und mit fünf oder mehr Stunden Spieldauer. Das ist, zu Recht, nicht jedermanns Sache. Aus der Vorschau der FAZ auf die neue Spielzeit: *Das Wiener Volkstheater lässt in seiner „Reise" dreißig Migrantinnen in einer „Alltagsuntersuchung" zu Wort kommen.* Theater als Leitartikel.

Das Stuttgarter Staatsschauspiel bringt den Chor der Bürger gegen „Stuttgart 21" in Stellung.

Die Münchener Kammerspiele untersuchen auf „Gleis elf" einen Bunker als Türkengastarbeiterunterkunft.

In Ingolstadt treffen in einem „Schauerabend" Rudolf Heß und NS-Monster auf Frankenstein.

In Konstanz verlegt Lyan Nottage in *Ruiniert* den Bürgerkrieg in ein Bordell im Kongo mit „Mädchen als Kriegswaffen", in *Du mein Tod* verirren sich „Muschi und Pimmel im Wald".

MIT AUGENBLUT UND BLUTSCHORF

In den Münchener Kammerspielen sollen auch in Ulrich Seidls und David Fosters: *Bösen Buben* die Ängste, Phantasien und Demütigungen von Männern über deren Fetischort, den Keller (Schußkeller, Schmutzkeller, Partykeller) erkundet werden.

Fachhandel und Internet, so die *SZ*, halten eine Riesenauswahl an Augenblut oder Blutschorf für die Theater bereit. Für jedes Massaker gibt es eine passende kosmetische Lösung. Kotbeutel, die naturalistisch befüllt werden müssen, seien, nun ja, das große Geschäft.

Ob uns das alles Deutsch lernt?

Wer versehentlich in eine solche Aufführung gerät, muss da durch oder er haut vorher türenknallend ab. Die Querflötenlehrerin meiner Frau spielte seinerzeit in der Komischen Oper in der berüchtigten Aufführung *Die Entführung aus dem Serail* von Callixto Bieito, in der nackte Huren in Glaskäfigen stehen, Brüste abgeschnitten werden und zum Schluss das Happyend entfällt und stattdessen fast alle tot auf der Bühne liegen. Da wurde aus dem – naturgemäß – konservativen Publikum *Libretto* geschrien und ein Zuschauer, Wutbürger in anderem als dem politischen Sinne sprang zornig auf, verließ erbittert das Parkett und knallte die Tür zu, die sich sonst sanft und leise schließt. Dadurch entstand ein so starker Luftdruck, dass die wertvolle hölzerne Querflöte von Christina Fassbender platzte und ein langer Riss entstand. Sie musste am nächsten Morgen mit der ersten Maschine von Berlin nach München fliegen, um die Flöte bei ihrem Instrumentenbauer reparieren zu lassen und saß am Abend wieder pünktlich im Orchester.

Übrigens kommen auch Kunden an die Kasse der Komischen Oper Unter den Linden, die Karten *für das Stück mit den vielen Nackten* verlangen.

HAT ES ANTON TSCHECHOW NÖTIG VON EINEM GEISTIG ZWÖLFJÄHRIGEN REGISSEUR BELEHRT ZU WERDEN?

Nun könnte das alles als kühner Neustart des Theaters, als Fortschritt und Überwindung einer überholten Erstarrung, als Zeichen der grenzenlosen Verachtung für die Spießbürger, für uns Spießbürger, gewertet werden.

Aber zunehmend begreifen Kritiker, ja auch die Chefkritiker, die lange Zeit gern mitgezogen sind, Bluff und Masche. Christopher Schmidt von der SÜDDEUTSCHEN ZEITUNG: *In Hamburg waren, bei Elfriede Jelinek, alle tot oder nackt oder beides. Und: Warum müssen Klassiker immer noch „gegen den Strich" gelesen werden, da man deren Kenntnis doch ohnehin kaum noch voraussetzen kann? Und was heißt das, „Stücke entstauben?" Hat es Anton Tschechow nötig, von einem geistig zwölfjährigen Regisseur belehrt zu werden, der nichts gelernt und nichts gelesen hat? Und weiter: Warum muss die Phantasie des Zuschauers permanent entmündigt werden durch die fixen Idee der Regie?*

Die Zuschauer könnten sich mittlerweile verweigern und viele tun es auch. Sie könnten sich informieren. Aber manchmal geraten sie durch Zufall in ein misshandeltes

Stück, als Abonnenten, oder weil sie auf Städtereisen sind oder auch weil sie neugierig sind.

Nun, die deutsche Sprache wird, so hoffen wir, auch *modernes* Theater überleben, wenn es pseudomodernes Theater ist. Und: auch durch schlechte Inszenierungen kann man lernen: was echt ist und was aufgesetzt oder was nur misshandelt.

DIE DEUTSCHE SPRACHE IST DIE TIEFSTE DIE DEUTSCHE REDE DIE SEICHTESTE

Karl Kraus, 1874–1936, Wiener Journalist, Literaturkritiker und Herausgeber der Zeitschrift *Die Fackel*, die er mit der Zeit von A bis Z allein gestaltete und mit Kritiken, Polemiken und meisterhaften Essays „vollschrieb", kämpfte, wie es über ihn heißt, *gegen Dummheit und Bosheit, gegen die Verlogenheit der damaligen Moral, gegen Manipulationspresse und korrupten Journalismus.* Kraus zeigte sich schonungslos gegenüber jeder sprachlichen Schlampigkeit und Schwäche und hat sich damit viele Feinde gemacht. Hier zwei seiner Aphorismen: *Die deutsche Sprache ist die tiefste, die deutsche Rede die seichteste.* Oder: *Es gibt Schriftsteller, die schon in zwanzig Seiten ausdrücken, wozu ich manchmal sogar zwei Zeilen brauche.*

Was für ein Kunststück, den Inhalt eines Romans, einer Novelle in einem *Aphorismus* unterzubringen, einen grandios gefeilten, intelligenten witzigen Gedanken in einem oder höchstens zwei, drei Sätzen auf den Punkt gebracht, die dem Leser Erkenntnis, Lebenserfahrung oder Belustigung bringen.

Unsere Sprache in höchster Vollendung. Von einem Zeilenhonorar kann ein Aphoristiker wohl nicht leben, das wäre wohl weniger als der *Hartz 4-Satz.*

AUCH TAUSEND APHORISMEN ERGEBEN NOCH KEINEN DICKEN BAND

Aber zur Berühmtheit haben es viele Aphoristiker gebracht, etwa auch Gabriel Laub, 1928–1998, geboren in Bochnia, Polen, gestorben in Hamburg, ein mehrsprachiger Journalist, Satiriker und Aphoristiker, er sprach polnisch, russisch, tschechisch und deutsch! Arbeitete in Prag, floh nach der Niederschlagung des Prager Frühlings nach Hamburg und wurde in Israel beigesetzt. Er erhielt viele Preise.

Auch tausend Aphorismen ergeben noch keinen dicken Band für die gesammelten Werke, so wie man aus tausend Flöhen noch keinen Mastochsen zusammenstellen kann ... ich habe, nach einigen aphorismenähnlichen Versuchen, meine ersten sieben Aphorismen im Jahre 1956 in einer Prager Zeitschrift veröffentlicht – nach zwölf Jahren hatte ich Aphorismen genug, um ein kleines dünnes Büchlein herauszubringen.

Und schließlich: Vielleicht hat jemanden das Bekenntnis dieses Aphoristikers schockiert, dass der Aphorismus eine Halbwahrheit ist. *Man schätzt den Aphorismus unter anderem deshalb, weil er eine halbe Wahrheit enthält. Das ist ein ungewöhnlich hoher Prozentsatz.* Und hier, als Kostprobe, einige Aphorismen von Gabriel Laub:

Wir alle arbeiten bis zur Selbstvernichtung. Einige bringen dabei sogar etwas zustande.

Es ist besonders schön, zu faulenzen, wenn man damit auch seine Arbeit macht.

Nichts macht mir soviel Arbeit wie der Entschluss zu arbeiten.

Ein fleißiger Mensch arbeitet auch dann, wenn er muss.

Ich war heute sehr fleißig. Nur geschafft habe ich nichts.

SPONTISPRÜCHE: LIEBER NE GESUNDE VERDORBENHEIT ALS NE VERDORBENE GESUNDHEIT!

Spontisprüche waren in den Achtziger- und Neunziger-Jahren eine Art Subkultur des Aphorismus, Aphorismen für die einfachen Leute sozusagen. Mehr oder weniger witzige, zeitnahe, kabarettistische, satirische Sprüche, meist Ein- oder Zweizeiler, vielleicht von Achtundsechzigern, Fundamentalisten oder Aussteigern, Arbeitssuchenden oder Arbeitsscheuen. Sie waren sehr beliebt damals, aber der sprachschöpferische Erfindergeist auf diesem Gebiet ist versandet. Erinnern Sie sich?

Lieber'n Ted im Bett, als'n Popper als Oppa.

Lieber 'ne Dürre im Bett als 'ne Runde inne Kneipe.

Lieber 'ne gesunde Verdorbenheit als 'ne verdorbene Gesundheit.

Mutter drehte Kind durch den Fleischwolf – BILD sprach zuerst mit der Frikadelle.

Nase bohren ist das einzige Zeichen von In-sich-Gehen.

Niemand muss ein Vollidiot sein, um Professor zu werden, aber es erleichtert die Sache ungemein:

Und:

Früher hab' ich mich vor der Arbeit gedrückt, aber heute könnte ich stundenlang zuschauen.

DIE NEUEN MEDIEN SIND SCHNELL ABER KURZATMIG

Unsere Sprache ist von vielen Seiten her gefährdet, dem Verfall ausgeliefert und dauerhaft bedroht. Übrigens nicht nur die deutsche Sprache. Manche verschwinden sogar für immer. Alle zwei Wochen geht der Menschheit eine Sprache verloren, darauf macht die UNESCO aufmerksam. Der Weltkulturorganisation zufolge ist von den heute rund sechstausend gesprochenen Sprachen die Hälfte vom Aussterben bedroht. Mit jedem Verlust gehe auch kulturelles Wissen verloren, heißt es.

Der britische Schauspieler Ralph Fiennes – Sie wissen schon *Der englische Patient* – hat sich über den Verfall der Sprache beklagt: *Die Welt besteht nur noch aus verstümmelten Sätzen, Sprüchen und Twitter. Das geht so weit, dass ein Wort mit mehr als zwei Silben ein Problem ist. Die Sprache ist längst nicht mehr so prachtvoll und farbig wie zu Shakespeares Zeiten. Klar, wenn die Leute versuchen, so viele Informationen wie möglich in 140 Zeichen zu pressen.*

Na ja, heutzutage kann man sogar mit wenigen Satzzeichen eine ganze Liebeserklärung schreiben. Das spart Zeit und geistigen Aufwand.

SCHÖNE NEUE WELT

In der Welt der Computer und des *World Wide Web* gibt es viele englische Ausdrücke, Abkürzungen und technische Fachbegriffe. Da kann man sich vorstellen, dass eine alte Dame der Spezies *Wir Wilmersdorfer Witwen* – etwa aus dem Jugendtheater Grips – ein Kaufhaus für Laptops und Handys betritt, weil sie mit anderen kühnen Senioren zusammen einen Computerkurs machen möchte und dazu einen Computer kaufen will. Der Verkäufer erklärt ihr seine Empfehlung:

Dieses Multimedia-Notebook kann ich Ihnen bestens empfehlen, gnädige Frau. Ganz einfach zu bedienen! Spottbillig! Die alte Dame, misstrauisch: *Und der ist auch wirklich ganz einfach zu bedienen? Ich schreibe bisher auf einer Erika-Reiseschreibmaschine!*

Der Verkäufer zuckt kurz zusammen, sagt dann aber souverän: *Kein Problem, gnädige Frau! Einfachst Sechs Giga-*

byte Arbeitsspeicher, 750 Gigabyte Festplatte, Lan! W-Lan! Supermulti-DVD mit Double-LAYER-Unterstützung; Webcam mit integriertem Digitalmikrofon, Betriebssystem Windows 7 Home Premium 64, Produktaktivierung nur bei Neuinstallation oder Wechsel von Systemkomponenten erforderlich, Microsoft Office Starter: nur Word und Excel mit eingeschränktem Funktionsumfang und Werbeeinblendungen. One-Power-Point oder Outlook. Was sagen Sie nun?

Die alte Dame, mit zitternder Stimme, blaß aber tapfer: *One-Power-Point … Webcam mit integriertem … Supermulti-DVD … Das ist also Ihr einfaches Notebook?*

Der Verkäufer, strahlend: *Gewiß, gnädige Frau! Sichtbar intelligent, Prozessorbewertung vier Sterne!*

Sichtbar intelligent?

Jawohl. Sie werden Ihre helle Freude daran haben.

Die alte Dame: *Was war da noch? Produktaktivierung und Systemkomponenten?*

Genau. Keine Bange, das haben Sie in Nullkommanichts intus!

750 Gigabyte Festplatte? Ist das nicht sehr viel?

Jawohl! Darauf können Sie eine ganze Menge schreiben. Die kriegen Sie nicht mehr voll.

Lange Pause. Dann die alte Dame:

Ach, wissen Sie, dann hätte ich doch lieber nur einen Kugelschreiber!

Handy, SMS und Twitter verbessern das Sprachgefühl nicht gerade. Sie gehören aber zu unserem Alltag und sind daraus nicht mehr wegzudenken. In der *Berliner Morgenpost* fand ich einen fast ganzseitigen Artikel mit der Überschrift: *Was Kinderhandys können müssen*. Außerdem Fotos verschiedener Produkte von Nokia, Samsung und anderen. Handy sind Prestige-Objekte geworden. So heißt es dann auch bei einem Hersteller: *Mit dem Nokia 5230 können Kinder nicht nur telefonieren und SMS schreiben, sondern auch im Internet surfen und Fotos von ihren Lieblingsmotiven machen. Mit einem solchen Gerät braucht sich auf dem Pausenhof niemand zu schämen.*

Soviel zu Handy und Internet. Wer es benutzt, wird manche Worte und Begriffe anders wählen als ein Internetverächter. Aber es ist auch durchschaubar, denn jeder Satz ist eine Fundgrube für Detektive des gesprochenen Wortes. Kürzlich kam ein neuer, viel gelobter Film mit George Clooney in die Kinos, *The descendants* heißt er und die *Süddeutsche* brachte ein Interview mit dem Regisseur, Alexanders Payne. Der wurde gefragt, ob seine Drehbücher bis zum letzten Satz ausgearbeitet seien und er sagte: *Ich verwende sehr viel Zeit auf meine Dialoge und es gibt auch keine Improvisation in meinen Filmen. Ich möchte, dass die Dialoge genau so gesprochen werden, wie sie geschrieben sind. Worte bringen die Geschichte voran, sie offenbaren die Gedanken.*

Das erinnert mich an Billy Wilder. Der hatte einen vorzüglichen Drehbuchautor: I. A. L. Diamond, einen Diamanten unter den Drehbuchautoren. Er stand während der Dreharbeiten immer neben Wilder. Und wenn ein Schauspieler vor der Kamera etwa *Kommen Sie bitte herein, meine Herren* sagte, statt *Hereinspaziert, meine Herren,* dann hob Mr. Diamond die Hand. Billy Wilder brach die Szene ab und der Satz musste nochmals richtig gesprochen werden. Jede Nuance, jede Formulierung hat ihre Bedeutung und ist eine Aussage.

WORTE KÖNNEN STREICHELN UND SCHMEICHELN, SÄTZE KÖNNEN FASZINIEREN UND ÜBERZEUGEN

In der *Berliner Morgenpost* gelesen: *Der Münchener Regisseur Helmut Dietl, von Kir Royal und anderen Filmen und Fernsehserien her bekannt und sein Autor Benjamin von Stuckrad-Barre, mit dem er zusammen den in Berlin spielenden Film Zettl geschrieben hat, sind nicht nur Kollegen sondern auch Freunde. Die Begründung: Wir interessieren uns geradezu fanatisch für Sprache. Wann immer einem von uns irgendwo eine Formulierung auffällt, rufen wir uns an.*

UND SO!

Zurück zu den Floskeln, die wir leichthin gebrauchen. Was gäbe es da noch zu sagen? Ja ... richtig ... zum Beispiel: die Floskel: *und so*. Millionen verwenden sie bei jeder Gelegenheit, und sie passt immer. Vielleicht ist sie ein Zeichen der Unsicherheit, man weiß nicht recht, wie man etwas formulieren und wie man es verwenden soll. Aber machen Sie den Versuch mit *und so*, und Sie liegen immer richtig:

Na ja, also ich hab Inka kennengelernt und so, dann sind wir zwei Jahre zusammen gegangen und so, dann haben wir geheiratet und so, dann haben wir nicht aufgepasst und so und dann kam Julia und so und dann der Zoff und so und nun lassen wir uns scheiden und so und nun fehlt mir der Ehevertrag und so.

RISOTTO MIT PILZE

Unsere Gastwirte entwickeln eine eigene Sprache: sie bieten sehr gern *Risotto mit Pilze* an und *Schweinsbraten mit Klöße*. Und *Döner mit alles*. Aber auch das Fernsehen hat eine sehr eigene Grammatik: *Und nun sehen Sie den Tatort, produziert von das Erste*.

Manchmal macht sich die deutsche Sprache regional selbständig. Früher hieß es in Süddeutschland *an* Weihnachten, im Norden *zu* Weihnachten. Heute hat sich das *an* weitgehend durchgesetzt. Früher sprachen wir im Norden vom Sonnabend, längst aber hat sich der südliche Samstag durchgesetzt. Und in den letzten Jahren passierte etwas Seltsames: Davon, damit und dabei teilen sich, ohne dass es jemand vorgeschrieben hätte. Nicht mehr: *Damit kann ich nichts anfangen*, sondern: *Da kann ich nichts mit anfangen.* Nicht: *Davon kann ich was erzählen*, sondern: *Da kann ich was von erzählen.* Nicht mehr: *Dazu kann ich nichts sagen*, sondern: *Da kann ich nichts zu sagen.* Und nicht: *Es ist nichts dabei*, sondern: *Da ist nichts bei.*

Von solchen Sprachunarten kann man wegkommen. Es gibt viele hilfreiche Bücher, die sich mit unserer Sprache beschäftigen, etwa Sebastian Sick, *Der Dativ ist dem Genitiv sein Tod* und viele andere. Der Autor hat seine Fans auch bei Lese-Tourneen begeistert.

OSTDEUTSCH

Ein Sonderfall im Deutschen war die Sprache der DDR-Bürger, sie war ihnen von Partei und Presse und von den Freunden, also der sowjetischen Besatzungsmacht, aufgezwungen. Nach der Wende hat sich die hölzerne, genormte und klischeehafte Sprechweise mit speziellen Vokabeln wie Plaste und Broiler allmählich verloren. In dieser Zeit hatte ich für das Berliner Kabarett *Die Stachelschweine* den Sketch *Die deutschen Sprachen* geschrieben.

Also: Der Redakteur sitzt hinter seinem Schreibtisch. Die Sekretärin kommt herein und bringt ihm eine Personalakte.

SEKRETÄRIN: Herr Meier, der neue Volontär ist da!

REDAKTEUR: Schicken Sie ihn rein. Woher kommt der Junge?

SEKRETTÄRIN: Er ist ein Kubaner portoricanischer Herkunft, der bis zur Wende beim SED-Blatt Neues Deutschland volontiert hat.

REDAKTEUR (seufzt): Au, das wird schwer. Kann er denn schon Deutsch?

SEKRETÄRIN: Doch, eigentlich sehr gut. Nur ein bisschen anders.

REDAKTEUR: Anders? Wieso anders? Also, er soll reinkommen, Frau Berger.

SEKRETÄRIN: Bitte, Herr Remirez!

(Der Volontär kommt herein. Er spricht nur mit wenig Akzent) Guten Tag, Herr Meier!

REDAKTEUR: Guten Tag. Setzen Sie sich. Warum sind Sie zu uns gekommen?

VOLONTÄR: Na ja, drüben in Ostdeutschland sind de Ausländer nicht so beliebt.

REDAKTEUR: „Drüben" gibt's nicht mehr. Das ist alles ein Land.

VOLONTÄR: Ja, das denken Sie.

REDAKTEUR: Immerhin sprechen Sie schon recht ordentlich Deutsch. Wie stellen sie sich Ihre Arbeit hier vor?

VOLONTÄR: Ich will mit den anderen Genossen...

REDAKTEUER: Kollegen!

VOLONTÄR: ...Kollegen eine rege Wettbewerbstätigkeit entfalten. Meine Arbeit soll Weltniveau haben. Ich will mein Plansoll immer vorzeitig erfüllen.

REDAKTEUR: (seufzt): Gut, gut. Das kriegen wir noch weg. Warum wollen Sie Journalist werden?

VOLONTÄR: Erstmal will ich in Selbstverpflichtung zur Erhöhung meines Lebensstandards beitragen. Dann will ich versuchen, bei meiner Arbeit Neuerermethoden zu entwickeln. Und journalistisch werde ich immer gegen rückschrittliche Elemente kämpfen, die einen reaktionären Kurs verfolgen.

REDAKTEUR: Hm, damit liegen Sie bei uns noch nicht voll im Trend, aber das wird sich noch geben. Wie würden sie denn den Begriff der Wahrheit definieren?

VOLONTÄR: Wahrheit ist, was die Menschen hören sollen!

REDAKTEUR: Falsch! Das war das Menschenverachtende an der SED-Presse! Wahrheit ist, was die Leute hören wollen! Merken sie sich das!

VOLONTÄR: Klaro, Chef. Ich werde da neue Perspektiven entwickeln.

REDAKTEUR: Wie wär's, wenn wir Sie zuerst in die Lokalredaktion schickten?

VOLONTÄR: Gerne! Ich werde über die Verwirklichung baulicher Planziele berichten, erfolgreiche Verkaufskollektive herausstellen und über die betriebliche Gütekontrolle schreiben!

REDAKTEUR (seufzt): Erringung, Errichtung, Erreichung, Verpflichtung! Mann, was ist das nur?

VOLONTÄR: Ist das nicht die richtige Losung?

REDAKTEUR: Nein! Das ist Nonsens! Sie müssen Ihr Input verstärken, damit das Output besser wird! Lesen Sie mehr, damit Sie fit werden! Hier wird Deutsch geredet, okay?

VOLONTÄR: Okay, Chef.

Unser Blatt hat 4,4 Millionen Auflage! Da müssen Sie schon im Deutschen firm sein, wenn Sie sich setteln wollen! Deutsch ist sehr schwer. Passen Sie gut auf! Was ist ein Leerer, mit zwei E?

VOLONTÄR (denkt nach): Ein Bewohner der Stadt „Leer“ in Ostfriesland!

REDAKTEUR: Spitze! Fabelhaft! Und ein Lehrer mit h?

VOLONTÄR (denkt nach): Ein Klassenfeind!

REDAKTEUR (seufzt): Da geht noch Verschiedenes durcheinander. Nun zur Allgemeinbildung. Wie hat sich Kaiser Wilhelm der Zweite gern nennen lassen?

VOLONTÄR: Der Brandenburger Tor!

REDAKTEUR: Nein! Wilhelm der Große! Analog zu Friedrich dem Großen! Weiter! Als Lokalreporter müssen Sie etwas über das gute alte versunkene Berlin wissen. Wie hießen die Straßen hier in der guten alten Zeit?

VOLONTÄR: Otto-Grotewohl-Straße, Wilhelm-Pieck-Straße …

REDAKTEUR: Nein! Kochstraße! Zimmerstraße! Jerusalemer Straße! Das berühmte Zeitungsviertel der Familien Mosse! Ullstein! Scherl! Nun, das schaffen wir schon. Frau Berger wird Sie nun in Ihr Zimmer führen. Was tun Sie dort als Erstes?

VOLONTÄR: Ich schraube die Telefonmuschel ab und sehe, ob eine Wanze drin ist!

Nun, das verrät Kenntnis der damaligen Zeiten in der DDR. Volontär Remirez sollte nun aber vor allem lesen, lesen, lesen.

DAS ABENTEUER DES LESEN

Wer liest, ist auch ein Entdecker. Das Abenteuer des Lesens ist ein vielfaches Vergnügen, das über Stoff und Inhalt des gerade Gelesenen hinausgeht. Fast jedes Buch verweist an einer Stelle oder mehrfach auf Fakten, Situationen, Erkenntnisse und Personen, die neu für den Leser sind. Ein Mosaik beginnt sich zusammenzusetzen. Das Wissen wird unmerklich ergänzt. Eine Wiederbegegnung reiht sich an die andere. Jedes Buch ist Herausforderung, das Wissen zu erweitern und zu ergänzen. Immer möchte man genauer über etwas

Bescheid wissen, was im gerade gelesenen Buch nur flüchtig gestreift oder angedeutet wird. Jede Lektüre fordert die nächste heraus. Man kennt Namen, Begriffe und Zusammenhänge oder man lernt sie kennen: beides ist aufregend schön. Der Horizont erweitert sich spürbar. Die Neugier wächst. Lesen bringt eine unstillbare und angenehme Art von Neugier mit sich.

Das Zusammensein mit Freunden, Kollegen, Mitarbeitern und Vorgesetzten wird übrigens lockerer, ungehemmter. Man muss sich nicht mehr zurückziehen, wenn sich andere über ein bestimmtes Thema unterhalten. Schüchternheit und Befangenheit werden abgebaut. Lesen macht sicherer.

Smalltalk muss sich nicht immer auf Autos, Fernsehen oder das Wetter beschränken. Spätestens nach zwanzig Minuten Plauderei schält sich ein Thema heraus, über das man lebhaft, eifrig oder heftig diskutieren kann. Man muss nicht Leser werden, nur um das zu erreichen, das Lesen ist ja auch Selbstzweck und soll ein Vergnügen sein. Und wer sich über Inhalte klar ist, formuliert auch besser. Lesen hilft lernen.

Mit der deutschen Sprache vertraut zu werden, von ihr zu lernen, ihren unerhörten und unerschöpflichen Reichtum zu genießen – dafür bietet sich das Lesen an. Das wunderbare Abenteuer des Lesens – eine Fundgrube von unerschöpflichem Reichtum. Eine Welt tut sich auf, die ganze Welt in Gegenwart, Vergangenheit und Zukunft. Verblüffend und nicht ohne Hintersinn scheint mir die Ähnlichkeit der Worte Lesen und Leben zu sein. Das dokumentiert sich auch an den Sprichwörtern, die in beiden Versionen Sinn machen: *Es ist eine Lust zu lesen!*

Und: *Setzet ihr nicht das Lesen ein, nie wird euch das Lesen gewonnen sein.*

Des Lesens ungemischte Freude ward keinem Sterblichen zuteil.

Oder, das rät uns die Apothekenrundschau täglich im Fernsehen: *Lesen, was gesund macht!*

Und: *Freut euch des Lesens, weil noch das Lämpchen glüht; pflücket die Rose, eh sie verblüht!*

WO ANFANGEN?

Ein schönes Beispiel eines unersättlichen, fanatischen und begeisterten Lesers hat der Maler Carl Spitzweg geschaffen. Den Bibliothekar, in seiner Arbeitswelt auf einer Leiter stehend, nahe am Bücherregal. Er liest. Er hat sich ein zweites Buch zwischen die Knie geklemmt, ein drittes unter den Arm und er will sie alle lesen. Sein Lesehunger ist ungebrochen, obwohl oder weil der nicht mehr jung ist. Er möchte noch den Inhalt möglichst vieler Bücher in seinen Kopf bekommen. Gierige Leser, die eine Buchhandlung aufsuchen, begeben sich in Gefahr, sie mit zu vielen Büchern wieder zu verlassen. Und zu Hause, unter den eigenen Büchern, da springen einen die Autoren an, die Dichter, die Schriftsteller, die Klassiker, die Krimiautoren, alle heben die Hand, um – vielleicht wieder einmal – gelesen zu werden: Jean Paul Wilhelm Raabe, Heinrich von Kleist, Joseph von Eichendorff; Die Manns: Thomas Mann, Heinrich Mann, Golo Mann, Klaus Mann Heinrich Heine, Hermann Hesse, Fritz Reuter, Friedrich Schiller, E. T. A, Hoffmann, Gerhart Hauptmann – und unzählige andere, nicht nur die Klassiker, auch die Autoren von heute. Welchen herausgreifen, mit welchem beginnen, ohne ungerecht zu sein? Geht man ein Bücherregal entlang, dann fordern einen die Bücher auf, sie herauszugreifen, sich ins Abenteuer Lesen zu stürzen und nicht so bald wieder damit aufzuhören. Das Günstige am Lesen: Man kann sich in jedwede Gefahr begeben, ohne darin umzukommen. Man kann die Lektüre unterbrechen, wann man will oder muss. Man kann sie zu jeder Zeit fortsetzen. Man schult seine Fantasie.

Das elektronische Buch übrigens wird seinen Weg machen, wird aber das Buch, das Buch aus Papier, Pappe und Leim, nicht verdrängen. Umberto Eco, italienischer Schriftsteller glaubt nicht, dass das E-Book dem herkömmlichen Buch ein Ende bereiten könnte. Es hat ja einige unbestreitbare Nachteile: Das E-Book kann man nicht vom Autor signieren lassen. Und man kann nicht wichtige Sätze mit dem Stabiloboss markieren, gelb, grün oder rot! Man kann es niemandem widmen. Und es ist eben nicht aus Papier, einem freundlichen und sinnlichen Stoff, der keine Kälte ausstrahlt. Vielleicht gibt es bald sogar beheizte E-Books, damit sie keine Kälte ausstrahlen. Wahrscheinlich vergilben sie auch nicht, obwohl ja altes vergilbtes Buch einen ganz eigenen Zauber ausstrahlt und uns mitteilt, aus welcher Zeit es kommt.

WIE VERBRINGT MAN SEINE ABENDE?

Der Hörfunk ist für meine Begriffe das bessere Fernsehen, er hält zur Fantasie an, einer der schönsten Eigenschaften des Menschen. Beim Hörfunk entfällt das lästige Bild, da sind nicht fremde Leute mit im Wohnzimmer, da darf man die Szenerie selbst entwerfen und aus den Stimmen auf die Physiognomie und die Eigenschaften der Personen schließen. Was für eine Wohltat! Die Fernsehmoderatorin Barbara Schöneberger etwa beneidet ihre Hörfunkkollegen: *Ich merke immer wieder: Das Radio hat viel treuere Fans als das Fernsehen! Es erreicht die Menschen viel direkter und auch viel intensiver. Ich bin immer wieder erstaunt, dass man sich an die Radiomoderatoren, mit denen man aufwächst, ein Leben lang erinnert.*

Beim Lesen entfallen zwar die Stimmen, aber man hört sie trotzdem, man sieht den Platz des Geschehens und man kennt bald die Charaktere der handelnden Personen, meist genauer als bei den schwammig entworfenen Profilen der meisten Fernsehserienhelden. Man ist sein eigener Interpret, Regisseur, Bühnenbildner und vor allem Kameramann.

BEIM LESEN IST MAN NICHT ALLEIN

Beim Lesen ist man nicht allein. Man hat keine Zeitvorgabe, keine festgelegte Anfangszeit. Man kann mit der Lektüre anfangen und aufhören, wann immer man will, die Helden begleiten einen über Tage, Wochen oder gar Monate, wie vielleicht die Protagonisten aus Uwe Tellkamps berühmt gewordenen Roman: *Der Turm* oder aus Thomas Manns *Zauberberg*, der Sprachschatz wächst – ja und man lernt nebenbei Deutsch, besseres Deutsch, denn *nobody ist perfect*. Man kann im Zug und während des Fluges lesen, in der Natur und zu Hause, auf der Parkbank, beim Warten in der Arztpraxis oder auf einer Behörde. Und auch zwischen zwei aufeinander folgenden Lesestunden, selbst, wenn Tage dazwischen liegen, begleiten einen die Personen, die das Buch lebendig machen, sie nötigen einen zu Kritik oder Lob, zu Auseinandersetzung und Identifikation. Und wenn das Buch den hoch gesteckten Erwartungen nicht entspricht, hat man, so denke ich, das Recht, die Lektüre abzubrechen und den Autor damit zu kränken, denn er weiß ja nichts davon. Man kann sich unverzüglich einem anderen, neuen oder vertrauten oder geliebten Buch zuwenden. Bücher, noch ungelesene oder wieder entdeckte, findet man überall, in der eigenen Sammlung, in der Buchhandlung, im Internet, in den Bibliotheken; es gibt da wunderbare Zufälle; Glücksfälle, Entdeckungen, Lesegeschenke. Man kann sie sich von Freunden ausleihen und sollte sie dann möglichst zurückgeben. Der

Reichtum der Literatur ist unerschöpflich und besser als jeder materielle Reichtum – die Reichen haben nur Ärger: Mit Neidern, mit Ranschmeißern, mit dem Bemühen, aus viel Geld noch mehr Geld zu machen mit Erpressung, mit Entführung, mit Bettelbriefen, mit Geschäftspartnern, mit dem Finanzamt, mit Einbrechern und Entführungen, mit Geschäften, die öffentlichen Ärger bringen und mit stetiger Unzufriedenheit, denn wer viel Geld hat, will immer noch mehr Geld haben.

LESEN IM KRIEGE

Als Zehnjähriger, 1942, habe ich gelesen, so viel ich konnte. Zu Hause gab es nur wenige Bücher und ich hatte keine Anregung, was ich denn lesen sollte. Ich entdeckte eine kleine Leihbibliothek in der Schöneberger Grunewaldstraße – gegenüber unserem Wohnhaus – und ich lieh mir dort für je dreißig Reichspfennige die Bücher, die mir interessant erschienen. Drei Bücher pro Ausleihe konnte man mitnehmen. Es waren fast durchweg Wildwestromane, immer mit den gleichen Handlungen: Böse Weiße, die ganze Büffelherden abknallten – nur so zum Spaß – und erbitterte Rote, die mit Pfeil und Bogen dagegen kämpften und Eisenbahnzüge bei voller Fahrt überfielen, dem guten Weißen, der den Indianern half und dem Farmermädchen, das sich in den weißen Helden verliebte um mit ihm weiter nach Westen zu trecken und den lieben alten Trapper, der zum Schluss noch sein Leben lassen musste, ehe der Schurke seine gerechte Strafe bekam.

1942 endete das Siegen des Führers. Wir Kinder waren es gewohnt, um acht Uhr einzuschlafen, um neun von den Sirenen geweckt zu werden, die Vollalarm heulten, in den Luftschutzkeller zu stolpern und die sich nähernden Bombeneinschläge zu hören, bis dann gegen zehn Uhr Entwarnung gegeben wurde. Ich wusste nicht warum wir Angst haben und das erdulden mussten, noch wer den Krieg angezettelt hatte. Ich stellte mir diese Frage nicht: es war einfach so. Unsere Eltern sprachen nicht mit uns über Politik, über Hitler und den Krieg. Sie mussten Angst haben, dass wir in der Schule einen kritischen Satz wiedergeben würden, ahnungslos, welche Folgen das haben musste.

Ich lebte in meiner Abenteuerwelt, in Kentucky, Montana, Ohio und anderen Indianerstaaten, die mit Huronen, Apachen, Sioux und Kiowas bevölkert war, wo auch geschossen wurde, aber in kleinerem Ausmaß als um uns herum. Die Realität war mir verschlossen.

Erst Jahrzehnte später sah ich Dokumentarfilmaufnahmen, in denen sich ausgemergelte deutsche Soldaten an die Türen der letzten startenden Ju 52 klammerten, die Menschen aus dem Kessel von Stalingrad fliegen sollten, andere hielten sich kraftlos an den Fahrgestellen fest, um Sekunden später, nach dem mühsamen Abheben der Maschine, zu Boden zu stürzen.

Ich wusste nichts davon, ich hatte meine Bücher. Spätestens nach einer Woche mussten sie zurückgegeben werden, sonst waren achtzig Pfennige Säumnisgebühr zu zahlen. Einmal fand ich ein Buch nichtmehr. Ich hatte es nicht weiterverliehen. Ich suchte im Kinderzimmer, im Wohnzimmer, überall, aber ich fand es nicht und bekam es mit der Angst. Ich zahlte die Versäumnisgebühr und wusste nicht, was ich tun sollte. Irgendwann musste das Buch zurückgegeben werden! Sollte ich abhauen, mich verstecken? Meine Eltern schlugen mich nie, aber ich hatte einen furchtbaren Fehler begangen und ich wusste nicht, wie und wem ich es gestehen sollte.

Währenddessen gerieten 110 000 Soldaten der Armee des zum Feldmarschall ernannten General Paulus, den Hitler zum Durchhalten anspornen wollte, in Gefangenschaft: Nur Fünftausend von ihnen überlebten den Krieg.

Am Tag vor dem Ablauf der Rückgabefrist fand ich das vermisste Buch in unserem Wohnzimmer.

Zwei Jahre später war das Kriegsende nah. Ich wusste nichts von den Konzentrationslagern und vom Heranrücken der Front. Die Dienststelle meines Vaters war ausgebombt und nach Spremberg in der Niederlausitz verlegt worden. Aber dann kamen sie, die endlosen Trecks von Flüchtlingen aus dem Osten. Auch sie treckten nach Westen. Wir Pimpfe vom Jungvolk standen hinter Kanonen am Straßenrand, es waren Gulaschkanonen. Wir schenkten Eintopf aus und die frierenden und hungernden Menschen sahen uns dankbar an. Jungen, die kaum fünf Jahre älter waren, etwa der frühere NDR-Fernsehspielchef Dieter Meichsner, hatten an der Panzerfaust geübt und wollten die Rote Armee zurückschlagen, wohl auch Günter Grass, der jahrezehntelang verschwieg, daß er als Siebzehnjähriger freiwillig zur SS gegangen war. Nicht die Tatsache, das Verschweigen hat ihm geschadet. Ein RIAS-Kollege musste auch als Volkssturm-Mann mitkämpfen, er erhielt einen Lungenschuß und sein Vater holte ihn in einer Schubkarre aus der Frontlinie. Er blieb schwerbeschädigt und hatte bis zu seinem viel zu frühen Lebensende viele Operationen und schmerzhafte Behandlungen zu durchstehen.

Adolf Hitler belobigte zuletzt noch Zehnjährige, die mithelfen sollten, dass Wien wieder deutsch werden und Berlin deutsch bleiben sollte und strich ihnen mit zitternder Hand über die Wange.

Ich aber war gerade noch Kind und hörte, nur Monate vor Kriegsende, dass es im nahen Cottbus Karl-May-Bücher geben sollte. Jede Buchhandlung hatte angeblich einige Exemplare erhalten, eine Sensation! Ich fuhr nach Schulende allein mit dem Zug nach Cottbus, fragte mich zu allen Buchhandlungen der Stadt durch und wollte *Durch die Schluchten des Balkan* oder *Im Tal des Tode* kaufen. Aber es gab nirgendwo mehr ein Exemplar. Bücher können auch von der Realität trennen.

AUTOR SEIN IST NICHT EINFACH

Angefangen habe ich als Sechzehnjähriger mit Glossen und Kurzgeschichten für Berliner Zeitungen. Ging dann zum RIAS, dem Rundfunk im amerikanischen Sektor und begann mit Jugendkabaretts, die Hans Rosenthal, der spätere beliebteste deutsche Quizmaster, inszenierte. Wir waren achtunddreißig Jahre miteinander befreundet. Und später bin ich dann, vorwiegend, zum Bühnenautor geworden: Curth Flatow, König des Boulevards, schrieb mit mir zusammen *Das Fenster zum Flur,* unser erstes, erfolgreichstes und immer noch viel gespieltes Stück. Von meinen elf Romanen könnten vielleicht drei Bestand haben, den anderen merkt man ihre Herkunft von Fernsehspielen und Fernsehserien an, sie sind, naturgemäß, dialoglastig. Natürlich wünscht sich ein Autor Erfolg und er braucht ihn auch, um Auflagen zu erzielen und, wenn er freiberuflich arbeitet, davon zu leben. Meine Bücher können weder mit dem Weltbestseller *Vom Winde verweht* noch mit der *Bibel* konkurrieren. Zwei Erlebnisse belegen das. Mein erster Roman hieß: *Die Geisterbehörde.* Ein Buch über die Bürokratie und deren Folgen, das bis heute nichts an Aktualität verloren hat und im Internet immer noch gute Kritiken bekommt. Kurz nach Erscheinen des Buches – es war in keiner Auslage zu finden und fand sich in Buchhandlungen nie in vorderster Reihe – arbeitete ich, um das Haus zu hüten, in Rottach-Egern am Tegernsee bei Fernsehkommissarlegende Erik Ode, während er mit seiner Frau auf Theatertournee war. Im Dorf entdeckte ich *Die Geisterbehörde* in der Auslage und war glücklich. Ich spazierte in den Laden, deutete wie nebenbei auf das Buch und fragte: Geht dieses Buch? Und die Buchhändlerin antwortete: Nein, Herr Pillau!

Im Münchener Buchkaufhaus Hugendubel kontrollierte ich öfter, ob meine Bücher präsent waren, die Romane waren alphabetisch geordnet. Zu meinem Leidwesen kam Rosamunde Pilcher direkt vor mir und sie schnitt naturgemäß immer viel besser ab. Eines Tages aber glaubte ich, meinen Augen nicht zu trauen. Da standen unter *P* im Regal acht Pillaus und nur zwei Pilcher-Bände. Innerer Jubel. Begeisterung, Zufriedenheit, sogar Selbstzufriedenheit kam auf. Ich drehte mich beschwingt um und erstarrte: auf dem Tisch vor mir stapelten sich Hunderte Pilchers.

HORST PILLAU JUNIOR

Der Erfolg meines Lebens bezog sich auf meinen Namen. In der Anfangszeit des Computers gab ich testhalber ab und zu meinen Namen ein und erhielt als Antwort zumeist: Pillau, Hafenstadt an der Ostsee und Vorhafen von Königsberg, heute Kaliningrad. Nun, mit den Jahren, sind es viel mehr und auch zutreffendere Eintragungen. Der Nachteil ist, daß auch schlechte Kritiken, Verrisse, über Jahrzehnte sich immer wiederfinden. Zur Popularität reichte es in einem überraschenden Fall: Im Internet fand ich zunehmend häufiger den Namen Horst Pillau jr. Horst Pillau junior ein Schullehrer und Bandleader in Kiel. Das war seltsam. Meine Söhne heißen Ulrich und Bernhard und von einem kleinen Horst wusste ich nichts. Ich recherchierte und fand heraus, dass Horst Pillau jr. eigentlich Jochen Gäde heißt. Ich rief ihn an und er sagte, er habe dieses Pseudonym gewählt, weil er als Kind so gerne Hans Rosenthals Quizsendung: *Dalli Dalli* gesehen habe, in der ich den „Theaterdirektor“ gab, der Szenen aus klassischen Stücken mit Fehlern verfremdete und vor der Kamera ansagte. Ich verbot Horst Pillau jr. nicht, meinen Namen zu führen und werde das höchstens nachholen, wenn er sich, was nicht zu erwarten ist, irgendwie arg rufschädigend verhalten sollte.

Die kleine Popularität durch das Fernsehen war übrigens teuer erkauft: Jeder Sketch war mit höchstens fünf oder sechs Sätzen anzusagen. Vor der Livesendung mit Millionen Zuschauern übte ich drei Tage lang immer wieder jeden einzelnen Satz. Wenn aber im ZDF-Studio Unterföhring oder im Wiener ORF-Zentrum das Rotlicht der auf mich gerichteten Kamera aufflammte, wusste ich nicht mal mehr, welches Stück ich da verfremdet hatte und musste auf mein Manuskript schielen.

NUR NICHTS LÖSCHEN!

Der Computer eignet sich wunderbar zum Schreiben, obwohl es Autoren gibt, die an der Handschrift festhalten oder auf ihren uralten Erika-Reiseschreibmaschinen herumhämmern. Johannes Mario Simmel, Erfolgsautor, vor allem durch das Buch *Es muß nicht immer Kaviar sein*, verbrauchte pro Roman zwei bis drei Schreibmaschinen. Ich hatte mit dem Computer große Anfangsschwierigkeiten. Manchmal habe ich die Arbeit eines ganzen Tages versehentlich gelöscht, das war bitter. Man bekommt den Text dann nie wieder so hin, wie er am Tag zuvor war, die Gedanken gehen eigene Wege und die Assoziationen wechseln. Und manchmal – man druckte damals auf Rollenpapier und nicht auf DIN-A4-Bögen – begann der Drucker zu drucken und hörte nicht mehr auf. Zwanzig Seiten Text wurden zweimal, dreimal oder viermal gedruckt, und wie bei Goethes *Zauberlehrling* fand man nicht den richtigen Weg, den unangenehmen Zauber zu beenden.

DIE ANGST UM DAS MANUSKRIPT

Das Manuskript, an dem er schreibt, ist des Autors Lieblingskind und Sorgenkind zugleich. Der Abschluss einer Arbeit – auch wenn man später auf Wunsch der Redaktion, des Produzenten oder des Lektors noch umschreiben muss oder selbst vor Drucklegung noch ändern will – ist jedes Mal ein bisschen feierlich. Der Computer hat das verändert, das Manuskript geht als E-mail-Anlage an den Empfänger, das ist eine äußerst nüchterne Angelegenheit. Bruno Hampel, liebenswerter Krimiautor in München, brachte ein fertiges Drehbuch aus der Reihe *Der Alte* noch persönlich zum legendären Produzenten Ringelmann und übergab es jedes mal mit einer gewissen Feierlichkeit. Vor Zeiten von Kopiergerät und Computer war immer die panische Angst da, das zumeist einzige Manuskriptexemplar könne verloren gehen – und das geschah dann auch immer wieder. Der Berliner Autor Richard Hey brachte seine Krimi-Hörspiel-Manuskripte mit der U-Bahn zum *Sender Freies Berlin*. Einmal vergaß er ein neues Hörspielmanuskript in der Bahn und musste es in vierwöchiger Schwerstarbeit neu verfassen. Es wurde erheblich anders als die Fassung, die er ursprünglich abgeben wollte.

Joseph Breitbach, brillanter deutsch-französischer Autor – *Bericht über Bruno* war sein bekanntester Roman – schickte das einzige Manuskript seines *Lebensromans* an Thomas Mann in Zürich, um es von ihm begutachten und empfehlen zu lassen. Das Manuskript kam dort jedoch nie an.

WAS UNS AUTOREN RATEN

Interviews mit Autoren sind immer interessant: sie bringen Erkenntnisse darüber, wie sie schreiben, zu Erfolg kommen, wie sie sich behaupten und unverkennbar werden. Hier einige Ausschnitte aus Zeitungsinterviews mit Schriftstellern.

Martin Suter, erfolgreicher Schweizer Autor: *Schreiben heißt für mich, etwas auf die Essenz zu reduzieren. Ich folge, seit ich Romane veröffentliche, immer dem gleichen Prinzip: Ich schreibe so, wie ich gerne lese. Und für mich heißt das, dass Sprache, Stimmung und Figuren nicht immer reichen, um das Interesse wachzuhalten. Es braucht auch immer ein wenig Spannung. Figuren emanzipieren sich immer schon beim Schreiben. Ich bin den Vorgang also gewöhnt und lasse ihnen diese Freiheit.*

Ich hasse Literatur, die dazu dient, Probleme des Autors zu bewältigen.

Philipp Roth, amerikanischer Autor: *Ich habe schallisolierte Fenster, bei der Arbeit könnte ich nicht einmal eine Katze in meiner Nähe ertragen. Eine Seite am Tag, das ist mein Ziel, gelegentlich erreiche ich das auch, an guten Tagen schaffe ich zehn. (Eine Seite pro Tag, von neun bis eins geschrieben, so hat es auch Thomas Mann gehalten).*

Michael Ondaatje, Weltbürgerautor: *Die Hälfte des Lebens sollte man außerhalb der Heimat verbringen, weit weg von zu Hause, um das Leben zu lernen. Bleibt also die zweite Hälfte übrig. Es gibt nur ein Problem: Ich habe keine teuren Hobbys. Autos langweilen mich. Als mich einmal Freunde aus Sri Lanka besuchten, sahen sie auf mein Auto und waren sehr enttäuscht, dass es kein Porsche war.*

Yasmina Reza, erfolgreiche Pariser Autorin: Die Figuren in ihren Stücken sind alle über vierzig. *Junge Leute interessieren mich nicht. Ab einem bestimmten Alter hat man das Gefühl; dass man das Werden hinter sich hat, dass die Zukunft ungewiß ist … Und das ist der Augenblick, wo der Mensch Komplexität erreicht.*

Franz Xaver Kroetz: *Ich sitze seit 40 Jahren an diesem Scheißschreibtisch vor einem Blatt Papier. Doch jetzt, wo ich älter werde, fällt mir nicht mehr so viel ein.*

Johannes Reben, erfolgreicher Drehbuchautor: *Wie lange wird es den einzelnen Autor noch geben, wo immer häufiger ganze Autorenteams fabrikmäßig die Buch-Elemente herstellen? Also, so lange ich lebe, wird es mich geben. Ich habe bis jetzt noch nie etwas gesehen, was aus einem Team gekommen ist und was mich wirklich überzeugt hat.*

Ken Follett, amerikanischer Erfolgsautor auf die Frage wie lange er an dem Buch *Die Kinder von Eden* geschrieben hat: *Zwei Jahre. Das ist bei mir der normale Schnitt. Ein Jahr davon ist Vorbereitung. Ich arbeite jeden Tag zu üblichen Arbeitszeiten.*

In meinen Büchern versuche ich stets, dem Leser das Gefühl zu geben, die nächste Seite einfach aufschlagen zu müssen, weil es wissen will, wie es weitergeht.

Ingrid Noll, Krimiautorin: *Bevor ich ein Wort geschrieben habe, weiß ich alles über diese Person: Alter, Charakter, Biografie, Aussehen, Hobbys und natürlich ihre geheimsten Wünsche und Träume.*

Roald Dahl, unglaublich witziger und einfallsreicher Autor, wusste wie wichtig Disziplin und Handwerk waren. Er war ein langsamer Arbeiter, der um jeden Satz kämpfte. In seinem *Arbeitsgefängnis* ist seit zwanzig Jahren nichts verändert worden. Die Brille liegt auf dem Brett, so als sei er nur kurz weggegangen. Frederik Forsyth, der in 40 Jahren zwölf Romane schrieb, die sich 70 Millionen mal verkauften: Er ist letzten Endes noch immer Journalist, Reporter, der genau hinschaut und hinhört, der seine Geschichten penibel recherchiert, bevor er sie zügig und anschaulich zu Papier bringt. Letzteres muss man übrigens wörtlich verstehen, denn Forsyth ist stolz darauf, dass er nach wie vor mit einer Schreibmaschine und nicht mit einem Computer arbeitet. Immerhin ist sie heute elektrisch.

Elmore Leonhard, Krimi-Autor: *Der Plot entwickelt sich während des Schreibens. Ich weiß nie, wie ein Buch ausgeht, wenn ich es beginne. Ich kritzle permanent im Manuskript rum, streiche durch, überarbeite alles ständig. Ich brauche sicher drei Seiten, um am Ende eine zu bekommen, die mich zufrieden stellt.*

Wilhelm Genazino: Kein Auto, kein Fernsehen, Ihre Bücher schreiben Sie auf der Schreibmaschine – haben Sie was gegen Dinge, die ihnen das Leben erleichtern?

Ich habe nichts dagegen, aber mich interessiert das alles nicht. Virtuelle Welten, soziale Netzwerke – ich habe Mühe, mir das anzueignen.

Und James Paterson: Er schreibt einen Thriller nach dem anderen und verkauft mehr Bücher als John Grisham, Stephen King und Dan Brown zusammen. Er ist der fleißigste Autor der Welt. Ein Interview im Lufthansa Magazin, auf dem Flug von Izmir nach München gelesen: Bis 2013 sollen 17 neue Bücher von Ihnen erscheinen, seit 2009 arbeiten Sie an mehreren davon. Bleibt da überhaupt Zeit zu schlafen?

Mein Motto ist: work hard, play hard, sleep hard! Ich muss ein reines Gewissen haben, denn ich schlafe sehr gut. Ich gehe vor 23 Uhr ins Bett und stehe immer gegen 5 Uhr 30 auf, dann schreibe ich bis sieben. Ich spiele eine Runde Golf, esse zu Mittag und schreibe wieder bis zum Abend.

Die meisten Menschen werden mit dem Alter eher langsamer, Sie dagegen produktiver. Was treibt Sie an?

Leidenschaft für alles, was ich tue.

Haben Sie eine universal gültige Bücherform?

Ich habe meinen eigenen Stil, schnell, knapp, klar. Ich folge meinen Instinkten, meinem Bauchgefühl.

Das sind sehr unterschiedliche, vielleicht auch hilfreiche und richtige Ratschläge – aber keiner davon taugt als Patentrezept. Leidenschaft ist wichtig, das Gefühl, schreiben zu *müssen*, Disziplin und Glück. Und sicherlich auch der Drang; zu lesen, lesen, lesen – damit eignet man sich ja nicht einen fremden Stil an, aber man erliest sich Sprachgefühl und, hoffentlich, einen eigenen Stil.

DIE SACHE MIT DEM WASCHZETTEL

Vor das Buch haben Verleger und Lektoren eine eigene Literaturgattung gesetzt: den Waschzettel und seine Unterabteilung, den Klappentext. Fast alle Bücher sind mit dem einen oder anderen versehen. Der Waschzettel umreißt den Inhalt des Bandes, vor allem aber klärt er uns darüber auf, wie bedeutend der Autor ist, wie prominent, wie berühmt und dass wir ihn eigentlich längst hätten kennen müssen. Es hagelt Buchtitel, die Titel früherer Werke. Wir sollten die Lektüre des Buches, das wir atemlos und in einem Zuge auslesen werden, schleunigst nachholen und so tun wir das oft dann auch. Der Autor kann sich mit Thomas oder Heinrich Mann messen, mit Zweig, Musil, Döblin oder Fallada, mit Lenz, Walser, Grass und oft findet sich auch ein wirklich berühmter Zeitgenosse, der das Werk über die Maßen preist. Thomas Mann etwa hat unermüdlich Neues gelobt. Handelt es sich um ein Erstlingswerk, ist der Verfasser ein vielversprechender Autor, manchmal leider auch nur ein viel versprechender. In jedem Falle ist das Buch das Beste, das der Autor je geschrieben hat, das sagt auch eine Zeitung, ein Büchermagazin oder jemand, der es vorab gelesen hat. Ist der Autor nicht mehr ganz brandneu, ist sein Werk das Beste, das er je geschrieben hat und er gehört zu den wichtigen deutschen Gegenwartsautoren und eigentlich sollten wir uns ein bisschen schämen, ihn noch nicht gekannt haben.

Ein Meister auf der Höhe seines Könnens.

Der Gesellschaftsroman des frühen einundzwanzigsten Jahrhunderts.

Geschichten von einem der stärksten amerikanischen Erzähler der letzten Jahrzehnte.

Die faszinierende Chronik einer glanzvollen Familie, die das Zeitalter der Renaissance wie keine andere prägte.

Die frische und lockere Anmut zieht den Leser rasch und intensiv in ihren Bann, weil hinter ihr die Sicherheit eines radikal Unangepaßten ist.

Schrecklich guter Krisenroman.

Das ist ein Roman und eine gewaltige Parabel, weise, böse, traurig und auf sanfte Weise unversöhnlich. Großartig. Einer der großen Autoren unserer Zeit.

Eine messerscharfe Satire über die ewige Kontaktsuche von Beziehungsflüchtlingen. Bravourös spitzt der Autor innere Widersprüche zu aphoristischen Paradoxen zu.

In Hochspannung hält das Buch den Leser, spiegelt virtuos das komplexe Stück Zeitgeschehen – lesenswert.

Eine berührende Geschichte aus der Schattenwelt von New Yorks Flüchtlingen. Voller Witz, voller Tragik – aber auch voller Hoffnung.

Die ultimative Kombination von Thriller und Literatur.

Der rote Faden dieser poetischen Geschichten, die alle mit seelischen Umbrüchen und Grenzsituationen zu tun haben: Manche Gewissheiten kann nur der Körper vermitteln, und er tut es heilsam und hellsichtig.

Die Seiten seiner Krimis duften nach Foie gras und Trüffel.

Derart nüchtern beginnen nur die ganz großen Liebesgeschichten.

Schräge, komisch, herzzerreißend, entwaffnend ehrlich: zehn Begegnungen nach dem Zufallsprinzip.

Eine fulminante Saga von Verlust, Versagen, Sex und Liebe…

In den Waschzetteln erweisen sich Lektoren, Autorenkollegen und Literaturkritiker als veritable Poeten: sie werben mit eigenständigen Dichtungen für die hochgelobten oder hoch gelobten Bücher: ja, Waschzettel sind ein besonderes literarisches Genre.

ER HAT NIE BEGRIFFEN, DASS MAN VON ZEHN BEABSICHTIGTEN WORTEN NUR SIEBEN SCHREIBEN DARF UND NICHT FÜNFZEHN

Große und zu recht berühmte Schriftsteller haben ihren eigenen unverkennbaren Stil. Ein geübter Leser vermag meist zu erkennen, wer einen Text geschrieben hat, auch wenn man ihm den Namen des Autors vorenthält. Stil lebt vom Opfer. Wer so breit publiziert wie er geschrieben hat, wird selten Erfolg haben. Ludwig Thoma, bayerischer Volksdichter, hat einmal von seinem Kollegen Ludwig Ganghofer in etwa gesagt: *Er hat nie begriffen, dass man von zehn beabsichtigen Worten nur sieben schreiben darf und nicht fünfzehn.* Knappheit zahlt sich aus, das Streichen eines jeden überflüssigen Satzes ist eine Zier; keine Wiederholungen, wenn sie nicht etwa komisch gemeint und Stilprinzip sind, wie etwa bei Thomas Bernhard. Viele Romane sollten halb so lang sein wie sie sind, sie wären dann billiger und besser.

Nicht so bei Thomas Mann. Der hat sich, obwohl noch ein unbekannter junger Autor, energisch gegen seinen Verleger gewehrt, der seine *Buddenbrooks* viel zu lang fand und erheblich kürzen wollte. Mann setzte sich durch und der Erfolg des Wälzers hat ihm Recht gegeben. In diesem Buch ist keine Seite überflüssig.

WAS UNSERE BUCHHÄNDLERIN FÜR DIE DEUTSCHE SPRACHE LEISTET

Buchhändler können unglaublich viel dafür tun, dass wir besseres Deutsch sprechen. Ja, manchmal traue ich mich ins Bücherkaufhaus Dussmann, das mehr Platz hat als die kleine Buchhandlung um die Ecke und das so viele Titel zeigen kann, dass man nach einer halben Stunde aufgibt, schwach in den Knien und schwach im Kopf. Jahrelang hat man gefürchtet, die großen Ketten brächten die kleinen Buchhandlungen um. Heute sieht das anders aus. Hugendubel am Berliner Tauentzien musste aufgeben, aber unsere kleine Schöneberger Buchhandlung blüht und gedeiht. *Die Buchhändlerin,* wie sich die Besitzerin in der dritten Person gern nennt, bietet fast jeden Freitag eine Lesung an, auch Joachim Gauck hat schon einmal bei ihr gelesen, der Bundespräsident kommt auch jetzt noch gelegentlich mit dem Fahrrad vorbei und winkt durchs Fenster.

Sie gibt per E-mail einen wöchentlichen *Literaturkurier* heraus, der auf empfehlenswerte Neuerscheinungen hinweist und Anekdotisches aus dem Gespräch mit Kunden bringt. Kurz vor Weihnachten ist sie Mittelpunkt einer Buchvorstellung: Neben ihr liegen zwanzig oder dreißig Bücher, die sie eins nach dem anderen hochhält und empfiehlt. Müßig zu sagen, dass alle ihre Lesungen ausver*schenkt* sind, manchmal müssen Besucher abgewiesen werden, die noch um acht vor der Ladentür stehen.

Meistens hat sie, trotz der begrenzten Räumlichkeiten, gerade das Buch vorrätig, das ich so dringend für die Arbeit brauche. Ist es einmal nicht vorhanden, kann ich es am nächsten Morgen abholen. Und einmal im Jahr, nämlich im Hochsommer, zieht sich die Buchhändlerin für vier Wochen in ihr offenbar sehr idyllisches französisches Exil zurück um sich dort durch den mitgebrachten Bücherberg hindurch zu lesen, während sich ihr Mann als Küchenchef betätigt. Sie lernt, nein lehrt uns Deutsch mit nie nachlassendem Engagement, großer Freude an der deutschen Sprache und durch die Begegnung mit vielen Schriftstellern.

BUCHHÄNDLER UND VERKÄUFER

In der endlosen Buchabteilung des *KadeWe* habe ich einmal vier *Verkäufer* und *-innen* vergeblich nach einem Buch einer der berühmtesten deutschen Autorinnen, Uta Ranke-Heinemann, angesprochen. Der Name der Autorin war dort unbekannt. Man hielt sie für eine der vielen Autorinnen, die pfundweise Liebesromane verfassen, in denen der Ehemann mit einer Jüngeren durchbrennt und die verlassene Ehefrau nach Wut, Schmerz und Einsamkeit auch noch einen Jüngeren findet. Der Neue ist dann immer Chirurg, Architekt oder Flugkapitän und macht sie erst einmal glücklich. VerkäuferInnen von Buchkaufhäusern haben offenbar mehr Interesse am Umsatz als an den Büchern, die sie verkaufen, es könnte auch eine völlig andere Ware sein. Ihre Gesichter verraten keine Leidenschaft (also im Allgemeinen). Sie sehen nur Titel nach. Fragt man etwa nach einer Taschenbuchausgabe der *Wanderungen*, mit denen in Berlin naturgemäß Fontanes *Wanderungen durch die Mark* gemeint sind, ein Begriff, der für uns selbstverständlich ist, fragen sie befremdet zurück: *Was für Wanderungen?*

EIN DREIFACH HOCH DEN BELESENEN

Zeitgenossen, die schon mal von Schnitzler, Hofmannsthal, oder Keyserlinck gehört haben, sind selten, die Belesenen aber, die wirklich Belesenen sind ein Genuss im Umgang. Manchmal gibt es da erfreuliche Überraschungen. Einmal flogen wir von München zur *Telestar-Feier* nach Köln. Einer von uns beiden wurde *upgegradet* und durfte in die Business

Class, ich schickte meine Frau nach vorn. Ihr Platz war neben dem des umfangreichen Schauspielers Ottfried Fischer, Kabarettist, Fernsehpfarrer und Fernsehkommissar. Sie hatte nun keine eigene Armlehne mehr und das Atmen wurde mühsam. Sie aß kaum etwas vom Lunch und erzählte mir nach dem Flug amüsiert, dass Ottfried Fischer begehrlich nach ihrem Tablett herübergeschielt und, als sie wenig aß, gefragt hatte, ob er davon kosten dürfe. Er kostete alles zu Ende.

Kurz danach war er ein kundiger Gesprächspartner von Elke Heidenreich in der Literatursendung *lesen!*, in der sie immer leidenschaftlich eine Handvoll von Buchneuerscheinungen besprach. Es war köstlich, die beiden miteinander angeregt, lebhaft, temperamentvoll und begeistert oder wütend, in jedem Fall *wissend*, über Bücher sprechen zu hören. Sie waren wirklich *belesen*. Sie waren in der Lage, Stil und Inhalt unterschiedlicher Bücher zu vergleichen und Ähnlichkeiten zu entdecken. Sie setzten ein vergnügliches Mosaik zusammen. Man empfand und wusste, dass die beiden mit Büchern lebten. Nach der Sendung nahm man sich vor, demnächst ein Dutzend Bücher zu lesen, auch solche, die in der Sendung nur am Rande erwähnt wurden.

ZITIEREN SOLLTE MAN NUR WENN MAN DAS UMFELD DES ZITIERTEN KENNT

Redner aller Sparten haben mühelos die passenden Zitate zur Hand, über die Liebe, über das Geld, über den Tod und über die Macht. Treffende Zitate, passende, die Thematik bereichernde Zitate. Da staunt man zuerst. Spürt dann aber, dass die Redner nur fünf Minuten gebraucht haben, in eines ihrer zuverlässigen Zitatenlexika zu schauen, in den berühmten *Büchmann* oder in ein anderes, um zu notieren, womit sie sich in ihrem Vortrag schmücken können, Stichwortleser also. Das ist einfach. Zitieren, denkt man dann ärgerlich, zitieren sollte nur der, der auch den Hintergrund des Zitats kennt und weiß, wer es erdacht und ausgesprochen hat und wem es in den Mund gelegt worden ist. Derjenige sollte zitieren, der nicht einfach nur Gedankenraub betreibt.

Die Belesenen können die Namen unzähliger Romane der Weltliteratur oder ihrer Hauptpersonen einordnen und souverän mit ihnen umgehen: Von Scarlett O'Hara bis zu Hans Castorp, von Madame Chochat bis zu Felix Krull. Ein wirklich Belesener war Walter Engel, jüdischer Wiener, Kabarettist in Wien, dann in die Vereinigten Staaten emigriert und schließlich amerikanischer Programmoffizier des Rundfunks im amerikanischen Sektor von Berlin. Walter Engel konnte etwa, einem Briefwechsel zwischen Hofmannsthal und Schnitzler die Jahreszahl zuordnen, in der sie geschrieben wurden.

EIN BUCH ÜBER WÖRTER UND WORTE

Manchmal hat man in seiner Bibliothek ein Buch zu stehen, ohne es gelesen oder vielleicht nur angelesen zu haben. Beschämend, wenn es mit einer sehr persönlichen Widmung des Verfassers versehen, bescheiden zwischen anderen Titeln steht und viel Geduld mit dem Beschenkten hat, bis es endlich zur Hand genommen wird.

Wolf Schneider, Journalist beim der *Süddeutschen Zeitung*, beim *Stern* und bei der *Welt* hat es verfasst: WÖRTER MACHEN LEUTE, Magie und Macht der Sprache. Aus dem Waschzettel, den man hier ausnahmsweise wörtlich nehmen kann: *Die Sprache trägt unsere Gedanken, beflügelt unsere Gefühle, durchdringt unser Leben.* Und weiter: *Die Wörter ordnen uns die Welt, sie kanalisieren unser*

Denken, ja, sie denken für uns. Und weiter: *Darüber hinaus untersucht das Buch Bereiche, die von der Sprachwissenschaft vernachlässigt werden: die politische Sprengkraft der Wörter; ihre erstaunliche Rolle als Tröster in Not und Einsamkeit; und das traurige Spiel, das viele Zeitungen und Fernsehsendungen, amtliche Bekanntmachungen und Lexika mit der Verständlichkeit von Texten treiben.*

Und dieses Buch liest man nun wieder 2012 bei der Arbeit an dem Buch: *Wir lernen Ihnen Deutsch,* dem mehrere Lesungen zum Thema vorangingen.

...und die Freude am Schreiben zu erhalten, damit nicht irgendwann Tuchos Treppe droht:

Reden
Schreiben
Schweigen

Zum 25.7.92
Ihr W. Schneider

Man liest tief berührt noch einmal die sehr persönliche Widmung des Autoren, starrt ungläubig auf deren Datum und verhüllt sein Haupt.

P. S.: Sollte das Buch vergriffen und zu Unrecht nicht in einer Neuausgabe zu erhalten sein, hat man es heute einfach: Bei irgendeinem Internetspezialisten für gebrauchte Bücher, *abebooks*, *bookmakers* oder *amazon* wird es sicherlich – vielleicht mit Gebrauchsspuren, wie es im Fachjargon heißt – aber mühelos und preiswert zu erhalten sein. Für Sprachliebhaber ist es spannend wie ein Krimi!

BEI LESUNGEN BEKOMMT MAN KEINE KOPFSCHMERZEN

Erfreulicherweise werden Leseveranstaltungen trotz der vermeintlichen Übermacht des Fernsehens immer beliebter. Die Menschen kommen in eine Buchhandlung mit dreißig oder in ein Theater mit fünfhundertfünfzig Plätzen, zu einem Abend gemeinschaftlichen Genusses. Und zumeist bekommen sie auch, was sie erwarten. Bei einer Lesung zappt man nicht. Man schaltet auch nicht innerlich ab. Man bekommt keine Kopfschmerzen. Man hört zu. Der Husten ist auf einmal verschwunden, selbst im Januar oder Februar. Und zum Schluss kann man dem Autor, der Autorin auch noch Fragen stellen, sie oder ihn interviewen und ein Buch signieren lassen. Kostet das Buch achtundzwanzig Euro, erhält der Autor zwei achtzig oder etwas weniger davon, ein Zehntel des Preises oder ein bisschen mehr davon, wenn er prominent ist. Ist der Autor auf Lesereise, so ist er Tage oder Wochen unterwegs, viel Unruhe, sehr unterschiedliches Publikum, wenig Zeit zum Schreiben des nächsten Werkes. Aber die *Piraten* werden vielleicht Wege finden, dem Autoren auch noch diese kleine Einnahmequelle zu nehmen. Vielleicht sollte man allen Piraten probehalber auf ein halbes Jahr einen kräftigem Teil ihrer Einnahmen, ob Gehälter oder Löhne, wegsteuern, dann hätten sie mehr Verständnis für die, deren Arbeiten zu *digitalem Freiwild* werden.

Dafür ist der Autor auf Lesereise oft *liebesmäßig* überdurchschnittlich gut versorgt. Bibliothekarinnen und Buchhändlerinnen verlieben sich in ihn, Zuhörerinnen folgen ihm von Stadt zu Stadt und signalisieren ihm, wonach sie sich sehnen.

KEINE ABWANDERUNG ZUR HALBZEIT

Die drei Lesungen *Wir lernen Ihnen Deutsch* mit Hans-Jürgen Schatz und mir im Berliner Renaissancetheater – eine weitere soll folgen – hatten ein geneigtes Publikum, das sehr differenziert reagiert hat. Bei ernsten Texten, etwa der Afghanistan-Ballade von Theodor Fontane, die offenbart, dass der Krieg am Hindukusch militärisch nicht zu gewinnen ist, gab es manchmal zögernden, manchmal starken, manchmal gar keinen Beifall: Da gab es Befürworter, Gegner und Zuhörer, die von diesem Gedicht so bewegt waren, dass sie nicht klatschen konnten. Nach zwanzig Minuten Pause war der Saal wieder voll, es hatte keine Abwanderung zur Halbzeit gegeben.

Was für ein großes Glück, dass immer mehr Menschen Sinn für Lesungen haben. Das geht nicht gegen die Fußballfans, aber man muss nicht unbedingt sein Gesicht Schwarzrotgold anmalen, sein Auto mit Fahnen schmücken und Veranstaltungsorte mit bis zu hunderttausend Plätzen anpeilen. Gegönnt sei es den Fans, bei Lesungen sind Krawalle oder Panikfluchten jedoch selten.

ES KOMMT AUF DIE NUANCE AN

Beim Schreiben kann es auf jeden Buchstaben ankommen. Ein Druckfehler kann sehr unangenehm werden und zu ungewollten Sensationen führen. In der Kaiserzeit gab es den peinlichen Druckfehler vom *Kornprinzen*, mit dem der Kronprinz gemeint war. Die Berichtigung machte alles noch schlimmer: *Selbstverständlich handelt es sich nicht um den Kornprinzen, sondern um den Knorrprinzen.* Eine falsch gedruckte berühmte Briefmarke immerhin vervielfachte ihren Wert: DFUTSCHES REICH statt DEUTSCHES REICH.

GEDICHTE BEINHALTEN EINE GANZE WELT – WAHRSCHEINLICH SOGAR DIE GANZE WELT

Lyrik kann Wunsch oder Gedanke sein, Naturbeschreibung oder Liebesschwur, sie kann Anbetung, Trauer, Verzweiflung oder Trost vermitteln, eine Geschichte in wenigen Strophen, ein Roman in drei Sätzen, Gedichte sind Diagnose und Therapie zugleich. Auch Gedichte lehren uns Deutsch. Wer leidenschaftlich Gedichte liebt, lernt sie mitunter auch auswendig, ich einige von Fontane. Von Rilke oder Heine oder Gernhardt fallen mir mühelos ganze Strophen ein. Auch Schillers *Bürgschaft* kriegte ich wohl noch zusammen, die habe ich 1943 in der Schule gelernt und als Marionettentheater dramatisiert, erster Versuch eines späteren Bühnenautors.

WENN LIEBE NICHT GLÜCKLICH SEIN KANN, SOLLTE SIE GAR NICHT SEIN

Gedichte standen nicht im Zentrum von Theodor Fontanes Arbeit. Aber er hat doch das berühmte Gedicht von Herrn von Ribbeck auf Ribbeck im Havelland geschrieben, in dessen Garten ein Birnbaum stand, Gelegenheitsgedichte für Familie und Freunde und eben die erschütternde Ballade von Afghanistan. Und über sein zu Ende gehendes Leben hat er intensiv nachgedacht. Hier ein kurzes Gedicht, von Altersmüdigkeit und Depression geprägt, eine Phase in seinem Leben, die er übrigens überwunden hat, nachdem er ein Buch über seine Kinderzeit geschrieben hatte. Sprache gibt auch Hoffnung.

Mein Leben, ein Leben ist es kaum,
Ich gehe dahin, als wie im Traum.
Wie Schatten huschen die Menschen dahin,
ein Schatten dazwischen in selber bin.

Und im Herzen tiefe Müdigkeit –
Alles sagt mir: Es ist Zeit.

ÄNDERN UND FEILEN

Übrigens hat gerade Theodor Fontane nie direkt in die Setzmaschine geschrieben, wie etwa ein sehr produktiver französischer Romanautor. Er hat immer betont, wie wichtig ihm ändern und feilen waren. Etwa zwei Drittel seiner Tätigkeit, schätzte er, bestand in der Korrektur des Niedergeschriebenen.

Makelloses schreibt und dichtet sich nicht so dahin, die perfekte Fassung will erobert werden. Zwei Beispiele aus einem Buch der Sechzigerjahre, *Interviews mit Schriftstellern über ihren Beruf*. Frank O'Connor: *Er ändert kein Wort, solange die erste Fassung noch nicht fertig ist. Doch dann fängt er an und schreibt eine neue Fassung, die ihrerseits Grundlage einer weiteren Neufassung wird, welche wiederum Ausgangspunkt einer weiteren Fassung werden kann – und so weiter, kurz und gut: „Noch und noch" feilt er an den Sachen herum.*

Und besonders eindrucksvoll James Thurber. Er schreibt: *Eine meiner Geschichten, The train on track six, ist volle fünfzehn Mal neu geschrieben worden. Alles in allem müssen das rund 240 000 Worte gewesen sein, und ich werde so an die zweitausend Arbeitsstunden darauf verwendet haben In der endgültigen Fassung stehen aber bestenfalls 20 000 Wörter.*

DIE 47 SCHLUSSFASSUNGEN VON HEMINGWAY

Ernest Hemingway hat in Sachen Änderungen offenbar den sprichwörtlichen Vogel abgeschossen. Gerade schreibt Jan Küveler in meiner heutigen Morgenzeitung passend zu meinem Arbeitspensum über Hemingways zweiten Roman *A*

Farewell to Arms, also *In einem anderen Land*, Hemingway habe die Behauptung, die letzten Sätze der tragischen Liebesgeschichte bis zu 39 Mal umgeschrieben zu haben, als Beispiel seiner Großmäuligkeit abgetan. Aber das war sogar untertrieben: Die neue Ausgabe ... überrascht mit nicht weniger als 47 alternativen Schlussfassungen. Seit den späten Siebzigerjahren schlummerten sie in der Bostoner *John F. Kennedy Presidential Library.*

Ein Ende lautete: *die Welt breche jeden, und die, die sie nicht bricht, tötet sie.* Aber nach Wochen des Zauderns entschied sich Hemingway für den endgültigen Schluss: *Es war, als würde man sich von einer Statue verabschieden. Nach einer Weile ging ich raus und verließ das Krankenhaus und ging im Regen zurück zum Hotel.*

Ich staune immer wieder über den längst verstorbenen deutschen Schriftsteller Wolfgang Koeppen, der durch drei dünne, aber vielfach preisgekrönte Bücher bekannt wurde und der, von Preisen und Verlegervorschüssen lebend, danach nur noch sehr wenig schrieb, trotzdem aber zu einer Qualitätslegende wurde. Ein umfangreiches Gesamtwerk macht den Leser glücklicher.

EIN SCHRIFTSTELLER KANN NIE ARBEITSLOS WERDEN

Ein Schriftsteller kann ja arm, das sind die meisten, aber er wird nie arbeits*los* sein. Zu schreiben gibt es für ihn immer etwas, selbst wenn er das Geschriebene nicht vermarkten kann. Was für ein erschöpfender, mitunter sogar tötender aber wunderbarer Beruf. Er oder sie schreibt, so heißt es meistens, drei oder vier Stunden täglich, bis auf George Simenon, der schrieb jeden seiner eher kurzen Romane in elf Tagen oder Nächten, fast pausenlos, in einem Zuge. Aber wenn er am vierten oder fünften Tag eine Grippe bekam, warf er das bis dahin Geschriebene wieder in den Papierkorb, er „kam nicht mehr hinein“ ins Geschehen, in die Handlung, in die Personen. Alles Geschriebene muss erlitten sein. Das gilt auch für Bücher oder Stücke, die sich anfangs leicht anlassen. Schwer wird es im Laufe der Arbeit oder danach.

ICH KANN GRAUSAM ZU MIR SEIN

Bestsellerautor Sten Nadolny (69) vernichtet viele seiner Manuskripte. *Ich schreibe schnell und viel, werfe dann aber fast alles wieder weg*, sagte er dem *Focus*. *Mit dieser Arbeitsweise bin ich glücklich. Ich kann grausam zu mir sein, auch mehrfach am Tag.* Deshalb habe er für seinen Roman *Weitlings Sommerfrische* neun Jahre gebraucht. Er wolle nicht schneller zu einem Ergebnis kommen. *Warum sollte ich? Ich mache meine Arbeit doch gern.* Ja: in einem fertigen Buch von 350 Seiten stecken vielfach 2000 Seiten, die geändert oder gestrichen wurden – manchmal sogar noch viel mehr.

TÄGLICH EINE MILLIARDE FALSCHER SÄTZE

Wer die Sprache liebt, leidet unter dem falschem oder schlechtem Deutsch anderer und unter der eigenen mangelnden Brillanz. Ich schätze, dass von 80 Millionen Deutschen an einem einzigen Tag jeder durchschnittlich etwa zehn Sätze mit falschem Deutsch sagt. Das wären achthundert Millionen falsche Sätze. Ist das zu tief geschätzt? Hm … tun wir noch zwanzig Prozent dazu. Das macht zusammen täglich eine Milliarde. Eine Milliarde Sätze täglich mit falschem Deutsch? Mir scheint das noch zu wenig zu sein, aber bitte, es könnte hinkommen.

EIN STÜCK MIT SIEBEN FASSUNGEN

Vor der Uraufführung eines Stückes melden der Chef des Bühnenverlages und der Lektor, der Theaterintendant, der Regisseur, manchmal auch der Bühnenbildner und nicht zuletzt der Hauptdarsteller ihre Wünsche an. Mein Stück *Nie wieder arbeiten* – der Titel ist der reinste Hohn – hat, mit Einwirkung der eben Genannten – sieben Fassungen erlebt. Aber dafür ist es, erfolgreich an der Komödie Düsseldorf uraufgeführt, demnächst im dritten Jahr auf Tournee unterwegs. Übrigens muss nicht jede neue Fassung zu einem besseren Produkt führen: ich habe oft den Eindruck, nach der vierten Fassung wird ein Stück wieder schlechter.

Beim Spielfilm, vor allem in den Fünfziger Jahren, war es schlechter Brauch, das fertige Drehbuch durch einen oder mehrere weitere Autoren *bearbeiten* zu lassen: vielleicht waren ja noch einige Pointen herauszuquetschen und so entstanden die schauerlichen einfältigen Filmkomödien ohne jeden Zeitbezug: aber gut, die schockierte Kriegsgeneration wollte sich um jeden Preis ablenken lassen.

DURCH DAS DREHBUCH MUSS NOCH 2 MINUTEN 40 EIN ROTER SPORTWAGEN FAHREN

Beim Fernsehen hat sich ein grundlegender Wandel vollzogen. Früher, in den guten alten Zeiten des literarischen Fernsehspiels, kam während der Arbeit mehrfach der zuständige Redakteur aus Mainz oder Frankfurt angereist und erklärte mir eindringlich, die Figur des Vaters müsse noch differenzierter, undurchsichtiger, zwiespältiger angelegt werden. Während der Arbeit an der letzten Fernsehserie, Mitte der Neunziger Jahre, rief kein Redakteur mehr an, dafür aber der Produzent und er forderte: *durch das Drehbuch müsse noch zwei Minuten und vierzig Sekunden ein roter Sport-*

wagen der Marke soundso durchs Bild fahren. Das habe ich nicht getan, aber der Sportwagen fuhr trotzdem.

VOM SOLO-AUTOR ZUM STORYLINER

Und heute, bei den vielen *Daily Soaps* dürfte es wiederum anders zugehen. Da bestimmt wohl ein *Storyliner* die Tätigkeit seiner wechselnden Autoren. Es gibt Glücksfälle, bei denen zwei Autoren Bücher oder Stücke aus einem Guss schreiben, aber zwei können ihre Figuren nicht gleichermaßen sehen, empfinden, beurteilen. Es gab ein in den ersten Fernsehjahrzehnten berühmtes und vielfach preisgekröntes Autorenpaar, Maria Matray und Answald Krüger, das gemeinsam schrieb und sich gegenseitig die Tagesausbeute zum Korrigieren und Ergänzen gab, das war ein Glücksfall. Und Curth Flatow, König der Boulevardautoren, saß mir beim Schreiben unseres ersten Stückes zwei Monate lang täglich am Schreibtisch gegenüber, einer korrigierte, ergänzte oder verwarf den Satz des anderen und unser *Fenster zum Flur* hat – bisher – über vierhundert Inszenierungen erlebt und ist unser meist gespieltes, mit sicherlich wenigstens zehntausend Aufführungen.

ICH SPRECHE VON FLUGMASCHINEN SIE SUMMEN LAUTER ALS BIENEN

Joachim Ringelnatz (1883–1934) war Seemann, Archivar, Dichter, Kabarettist, Lyriker und Satiriker. In den Zwanziger Jahren des vorigen Jahrhunderts, erzählt er von Flugmaschinen, Flugzeugen also, die sechs oder acht Passagiere tragen konnten. Heute sind es bis zu achthundert Fluggäste, die mit solch einem Monstrum von Erdteil zu Erdteil fliegen, ein Massentransportmittel, in dem die Passagiere, auch die der ersten Klasse, zur Verfügungsmasse werden. Mein Entsetzen darüber stammt aus persönlichem Erleben.

Ich bin Sportflieger. Bin ein Schreibtischmaulheld, der Schiffe untergehen und Welten explodieren lassen kann – oder könnte – bewirke aber nichts Praktisches. Als Pilot aber muss man mit Navigation, Aerodynamik, Motorenkunde, Wettererscheinungen und englischem Sprechfunk vertraut sein und als Berliner der Piloten und Flugzeugen in der Zeit der Luftbrücke seine Freiheit verdankt, daher vielleicht die Leidenschaft. Und deshalb ist es für mich bewegend, dass Ringelnatz, vielleicht, das erste Gedicht über Flugzeuge geschrieben hat.

Ich spreche von Flugmaschinen.
Sie summen lauter als Bienen
Und sind eine Kreuzung von Taube,
Ente, Maikäfer und Schiffsschraube.
Sie nisten, einzeln, paar- und gruppenweise – in Hallen und Schuppen.
Ich habe persönlich festgestellt:
Sie bringen lebendige Junge zur Welt,
die wie Menschen aussehen,
wenn sie aus ihnen herausgehen.
Auch legen sie Eier und brüten
Im Krieg. Zeus möge das künftig verhüten.
Ihre Nahrung sind Menschen, Koffer, Benzin
Und Zeitungen aus Berlin.
Sie sind über die ganze Welt
Verbreitet und sehr zahm auch in Freiheit.
Außerdem sind sie der Polizeiheit
Und der Zollbehördlichkeit unterstellt.
Volkstümlich nennt man sie schlechthin Maschinen.
Ich könnte Ihnen mit Näherem dienen,
Aber ich verlange dafür
Eine Flugzeugengebühr.

Und, natürlich, Gedichte, für die er berühmt ist und die wir nur antippen müssen:

Ich habe dich so lieb!
Ich würde dir ohne Bedenken
Eine Kachel aus meinem Ofen
Schenken

SATIRIKER UND KATZENLIEBHABER

Auf meinem Nachttisch liegt immer der dicke S. Fischer-Band *Gesammelte Gedichte* von Robert Gernhardt (1937–2006) der grandios Gekonntes Trauriges, Heiteres und zutiefst Komisches enthält. Gernhardt war ein gescheiter, empfindsamer, poetischer und realistischer, schonungslose Wahrheiten auch in Bezug auf die eigene Person formulierender Frankfurter Satiriker, Kabarettist und Katzenliebhaber, im Sommer in der geliebten Toscana wohnend und arbeitend. Seine Gedichte sind Kostbarkeiten. Seine Krebserkrankung und den Fortschritt seiner Leiden hat er in seinen Gedichten bitter aber nie wehleidig beschrieben.

Hier nur als Kostprobe eines seiner oft kurzen aber inhaltsreichen Gedichte in acht oder gar nur sechs Zeilen.

Ein Gast

„Das Alter klopft an meine Tür:
Du bist da drin, ick spüre dir.“
Ich mach nicht auf und flüstre schwach:
„Lern du zuerst mal deutscher Sprach.“
Worauf der Gast zu gehen geruht.
Ey, Alter! Das ging noch mal gut.

Ey, Alter! Das ging noch mal gut.
©BEIER

JEDER AUGENBLICK IST EWIG

Manchmal kommt man zu seinen Lieblingsbüchern nicht durch Empfehlungen oder Rezensionen in der Presse oder im Rundfunk, sondern durch den Zufall. Meine Frau saß in unserer Buchhandlung im Kundensessel, wartete auf die Buchhändlerin und blickte auf das Regal neben ihr. Ihr Blick fiel auf ein Taschenbuch von *dtv*: Konstantin Wecker, *Jeder Augenblick ist ewig, Die Gedichte.* Ich hab's mir ausgeliehen, bevor sie es unserem Sohn zum Geburtstag schicken konnte und war überrascht. Ich wusste nur wenig über Konstantin Wecker, von einem intensiv gelebten Leben und ich hatte ihn als vorzüglichen Schauspieler in mehreren Fernsehfilmen gesehen. Nun fand ich schon beim Anlesen sehr eigenwillige Verse:

Anstatt sie zu betreten,
treten wir die Welt.
Wie eine Silbe doch entscheidend scheiden kann.
Wie erst ein Wort!

Und las ein paar andere Gedichte, zunehmend hungrig nach weiteren. Dazu, als Bestätigung, das überaus herzliche Vorwort von Herbert Rosendorfer: *Konstantin Wecker ist ein Bekenner, ein Rufer, ein – ja auch, im besten Sinne – Prediger, einer, der uns ins Gewissen redet. Und zum Schluß: Bleib aufrecht, lieber Konstantin, du Poet der Ehrlichkeit, was auch immer an dir rüttelt.*

VON DER LYRIK ZUR VOLKSLYRIK

Lyrik ist ja kein Privileg der Lyriker. Damit keine Unklarheiten entstehen: Jeder der es möchte, Mann oder Frau, soll hierzulande dichten! Und es wird unglaublich viel gedichtet, an Geburtstagen, Hochzeitstagen, zu Jubiläen, wenn ein verdienter Mitarbeiter mit verlogenem Lob in die Rente geschickt wird. Dem Reimen sind keine Grenzen gesetzt, die gern auch immer wieder überschritten werden. Da reimt man hemmungslos:

Legen auf *geben*
oder
fragen auf *haben.*

Das ist das Recht aller Reimer. Ich erinnere mich noch heute schmerzlich an einem Malermeister, den wir vor Jahrzehnten ein paar Tage lang im Haus hatten und der sehr fleißig und tüchtig war. Aber auf seinem Firmenwagen stand in großer Schrift kurz und bündig: *Maler Wim kommt gleich hin.* Mit diesem Slogan hat er sich für mich lebenslang unsterblich gemacht, aber auch nicht für neue Aufträge qualifiziert.

Auch Prominente dichten. An Karl-Heinz Rummenigge etwa ist ein talentierter Lyriker verloren gegangen. Auf einer Jahreshauptversammlung des FC Bayern widmete er Uli Hoeneß folgendes Gedicht:

Ich danke dir, das fällt nicht schwer.
Ich danke dir – ganz toll.
Ich weiß gar nicht, was ich sagen soll.
Ich danke dir, du bist ein Schatz.

Ironisches Lächeln oder Spott sind hier nicht angebracht. Peter André Alt, Professor für Neuere deutsche Literatur an der Freien Universität Berlin beurteilt Rummenigges Gedicht professionell: *Mit diesem Gedicht hält Rummenigge klar die Balance zwischen Tradition und Moderne. Ein Vierzeiler mit Paarreim in der Mitte – das ist traditionell – aber in freien Rhythmen – das ist modern. Die Gattung der Ode, die hier Pate steht, ist eindeutig klassisch geprägt.*

Auch während der Fußball-EM entsteht Volks- und Sportlyrik. Julia Prosinger hat einige Zweizeiler notiert:

Hey yo der Start ist geglückt gegen die Portugiesen,
laßt uns bitte noch einmal dieses Tor genießen.

Oder:

Gomez mit der Drehung, guckt mal, wie der abzieht,
so sieht's aus, wenn einer seine Antwort auf dem Platz gibt.

Und:

Der griechische Zement war noch nicht trocken,
da war der Abwehrriegel von Özil schon durchbrochen.

FÜR JEDEN DER GERN BESSER DEUTSCH SPRECHEN WÜRDE: WÄRE ES HILFREICH NICHT NUR DEUTSCH ZU LERNEN, SONDERN AUCH ANDERE SPRACHEN

Mit ihren Gedichten lernen, besser lehren uns die Dichter Deutsch. Aber Deutsch allein ist nicht alles. Für jeden, der gern besser Deutsch sprechen möchte, wäre es hilfreich, nicht nur die eigene Sprache zu lernen, sondern auch andere. Große Archäologen wie etwa Winckelmann oder Schliemann haben jede ihnen unbekannte Sprache angeblich in vier Wochen gelernt. So sprachbegabt ist nicht jeder. Aber Karl May, mit seinen anderen *Ichs* Old Shatterhand und Kara ben Nemsi sprach nach eigener Aussage ohnehin alle Varianten des Arabischen und die Sprachen, ja sogar die Dialekte vieler Indianerstämme, von den Comanchen über die Mohikaner bis zu den Irokesen.

Fremde Sprachen machen das Deutsche verständlicher, man setzt mit allen Sprachkenntnissen ein hochinteressantes Mosaik zusammen. Man bekommt im Ausland leichter Kontakt. Und wenn ich mich, als langjähriger Türkei-Urlauber, beim heimatlichen Obsthändler oder auf dem

Wochenmarkt mit einem *teschekür ederim* bedanke, strahlt die überraschte Verkäuferin und bedenkt sich mit einer kostenlosen Portion Baklava oder gefüllten Oliven.

Ich jedenfalls leide darunter, dass ich nie Anregung und Zeit hatte, ausreichend zu lernen, was andere sprechen. Ich dilettiere in drei Sprachen: Englisch, Italienisch und Russisch. Das Russische lernte ich vor sechzig Jahren fünf Jahre lang in einer Westberliner Schule. Ich kann immer noch Gedichte auswendig und ich denke, dass es schnell aufgefrischt werden könnte, vielleicht vor einer ersten Reise nach St. Petersburg. Kenntnisse des Italienischen kommen von Urlaubsreisen nach Italien und ins Tessin. Nun ist man Stammgast in italienischen Restaurants, beim Italiener um die Ecke also, aber die Ober sprechen unsere Sprache. Und kürzlich habe ich es gewagt, unsere Bestellung kühn auf Italienisch aufzugeben. Der Ober schwieg einen Augenblick lang und fragte dann höflich: *Würden Sie das bitte auf Deutsch wiederholen?*

Sol Gabetta, 30, eine der erfolgreichsten Cellistinnen, die in der Schweiz lebt, kann man auf Englisch interviewen, auf Deutsch, Spanisch, Französisch und Italienisch. Russisch spricht sie auch gerne. Da kann man schon mal neidisch werden.

WILL WATCH SAILORS!

Da lernt man die englische Sprache acht Jahre lang auf der Oberschule, man trainiert in London und in West Virginia oder Victoria Island, auch mit den Touristen vieler Länder, die genauso mangelhaft Englisch sprechen wie man selbst. Und auch als Privatpilot, beziehungsweise Sportflieger muss man sich mit den Fluglotsen vieler Länder verständigen, die Englisch oft mit kroatischem oder dänischem Akzent sprechen. Das geht alles gut und reibungslos. Das größte

Hindernis ist der fehlende eigene Wortschatz. Auf einer Reise von Ascona flog ich in Graubünden auf St. Moritz und seinen Flughafen Samedan zu. Der freundliche Fluglotse machte mich darauf aufmerksam, dass über dem Tal mit kräftigem Aufwind sehr viele Segelflieger kreisten, und ich antwortete gehorsam: *Oscar Bravo* – das war mein Kennzeichen – *I will watch Sailors*. Nun sind Sailors aber keine Segelflieger, sondern Seeleute, *glider* wäre passender gewesen, und ich wurde augenblicklich schamrot, aber dem Lotsen war der *Fauxpas* nicht aufgefallen oder er war zu gutartig, um mich mit Spott und Hohn zu übergießen.

Schon 1957 bin ich mit meinem späteren Schwager Peter Herz das erste Mal nach Tel Aviv geflogen, damals noch mit der Lockheed Superconstellation, sie hatte vier Motoren, war aber – weil das ein oder andere Mal Probleme mit den Antrieben auftraten – das beste dreimotorige Verkehrsflugzeug der Welt. Eine der vielen starken Begegnungen, vielleicht mit die stärkste und unvergesslich, war die mit dem israelischen Flugkapitän der Maschine. Er ging inspizierend durch die Maschine, nickte den Passagieren zu und stellte mitunter die eine oder die andere Frage. Ein Fluggast fragte ihn, mühsam auf Englisch, in welcher Sprache man mit ihm reden könne und er sagte, ganz selbstverständlich: *In welcher Sie wollen.* Einer redete ihn auf Französisch an, einer auf Italienisch, es gab Fragen auf Spanisch, Russisch oder Türkisch und er antwortete fließend in jeder dieser Sprachen. Blanker Neid kam auf. Mit jeder Antwort sah der Flugkapitän besser aus. Und fliegen konnte er auch noch. Natürlich müsste man all diese Sprachen beherrschen, möglichst auch noch Japanisch, Chinesisch und Schwedisch dazu, aber die Zeit dafür ist längst vergangen, die Begabung dafür mal vorausgesetzt und die vielen Jahre des Aufenthalts in den Heimatländern dieser Sprachen.

Begnügen wir uns also mit dem Deutschen und mit der Lektüre italienischer und russischer Text mit Hilfe des Wörterbuches. Auch das allein ist schon eine Lebensaufgabe.

MEINE LIEBLINGSBÜCHER, HÖCHST UNVOLLSTÄNDIG

Jeder hat seine speziellen Lieblingsbücher und jeder Gewohnheitsleser wird zu Recht andere nennen. Bücher, die man immer wieder lesen kann oder auch nur einzelne Kapitel oder Seiten daraus. Ich überschlage in Gedanken meine Lieblingsbücher und komme gleich auf die folgenden. Also, womit anfangen: Immer wieder mit Theodor Fontane: den Briefen an seine Frau, an seine Tochter Mete oder an Freunde. Alle fünf Zeilen eine Lebensweisheit, eine Erkenntnis, eine Formulierung, die man küssen möchte. Fontanes Briefe gibt es in vielfacher Form, als Taschenbuch als opulenten Band und auch als mehrbändige Gesamtausgabe.

Oder die *Wanderungen durch die Mark,* die Mark Brandenburg also, in der und mit der wir leben. Und natürlich die Romane: *Frau Jenny Treibel*, in dem die Figuren leben wie sonst was, Frau Treibel, und dann Corinna, unverkennbar seine Tochter Mete. In der vielfach verfilmten *Effi Briest* geht es zwar sehr um die Ehre und die spielt heute keine ganz so große Rolle mehr. Aber Effis ungerechtes und hartes Schicksal geht, so oder so, ans Herz. Mein Lieblingsroman aber ist *Unwiederbringlich,* der die Geschichte eines norddeutschen Kammerherren am Hof der dänischen Königin und seiner Frau zuhause weit weg von ihm erzählt. Er lebenslustig, leichtsinnig und neugierig, sie schwermütig, depressiv, fanatisch religiös, am Leben leidend.

Holk verliebt sich in die junge Hofdame, Ebba, und nach einer dramatischen Liebesnacht, in der sie zusammenkommen, dramatisch, weil der Schlossturm, in dem sie sich finden brennt, macht er ihr einen Heiratsantrag. Sie aber sieht ihn spöttisch an und ist gar nicht begeistert davon, sie hält Holk von Holkenäs eine grandiose Standpauke: *Allmutter Natur hat Ihnen, wenn man von der Beständigkeit absieht, das Material zu einem guten Ehemann gegeben, und dabei mussten Sie bleiben. Auf dem Nachbargebiete sind Sie fremd und verfallen aus Fehler in Fehler. In der Liebe regiert der Augenblick, und man durchlebt ihn und freut sich seiner, aber wer den Augenblick verewigen oder gar Rechte daraus herleiten will, Rechte, die, wenn anerkannt; alle besseren, alle wirklichen Rechte, mit einem Wort, die eigentlichen Legitimitäten auf den Kopf stellen würden, wer das tut und im selben Augenblicke, wo sein Partner klug genug ist, sich zu besinnen, feierlich auf seinem Scheine besteht, als ob es ein Trauschein wäre, der ist kein Held der Liebe, der ist bloß ihr Don Quixote.*“

Zu einem Fontanebuch kann man immer greifen und, Kitsch beiseite, Trost finden. Schmerzlich, dass Fontane in seine Werken das eine oder andere Mal feindselige Worte gegen die Juden in seinem Umfeld fand. In einem Gedicht über seinen runden Geburtstag, den er angemessen feiern wollte, hat sich der Dichter dann aber zurückgenommen. Er erhoffte für diesen Tag, dass prominente Würdenträger aus dem Adel oder vom Kaiserlichen Hof ihm Aufwartung machen würden – wer kam, war allein ein rührender Mitmensch namens *Cohn*.

Ein echter Antisemit hingegen war Ludwig Thoma, Bayerischer Volksdichter. Seine hasserfüllten Kommentare über *die Juden* hätten oder haben das Wohlgefallen von Joseph Goebbels gefunden.

RADETZKYMARSCH

Joseph Roth gehört zur Lieblingslektüre, vor allem und immer wieder der Roman *Radetzkymarsch*, dessen Titel man in seiner musikalischen Form an jedem Neujahrstag als Draufgabe und Schluss-Stück im Neujahrskonzert von den Wiener Philharmonikern aus dem dortigen Musikvereinssaal hören kann und bei dem das Publikum begeistert mitklatscht. Der Roman ist, neben *Hiob* und *Kapuzinergruft*, das Meisterstück des unglücklichen jüdischen Autors Joseph Roth, einem Österreicher, der uns herrlich *Deutsch lernen kann*. Wie da der Herr von Trotta dem jungen Kaiser Franz Joseph in der Schlacht von Solferino das Leben rettet, wie seine Heldentat sogar in die österreichischen Schulbücher eingeht und er darin immer heldenhafter wird, das ist wunderbar zu lesen. Gegen Schluss erhält der Bezirkshauptmann eine Audienz beim legendären Kaiser Franz Joseph: *„Majestät!" sagte der Bezirkshauptmann und verbeugte sich noch einmal tief. Ich bitte um Gnade für meinen Sohn!" – „Was für einen Sohn hat er?" fragte der Kaiser, um Zeit zu gewinnen und nicht sofort zu verraten, dass er in der Familiengeschichte der Trottas nicht bewandert war. „Mein Sohn ist Leutnant bei den Jägern in B." sagte Herr von Trotta. „Ah so, Ah so," sagte der Kaiser. Das ist der junge Mensch, den ich bei den letzten Manövern gesehen hab'! Ein braver Mensch!" Und weil sich seine Gedanken ein wenig verwirrten, fügte er hinzu: „Er hat mir beinah das Leben gerettet. Oder waren Sie es?" „Majestät! Es war mein Vater, der Held von Solferino!" bemerkte der Bezirkshauptmann, indem er sich noch einmal verneigte.*

Kaiser Franz Joseph war mir schon als Kind vertraut. In den Berliner Bombenjahren zwischen 1941 und 1944 waren mein jüngerer Bruder und ich bei einer Wiener Tante im Ersten Bezirk untergebracht, dort wo der Wienfluß in den

Donaukanal mündet, gegenüber der Urania und neben dem ehemaligen Kriegsministerium der Monarchie, das nach dem Ende des Zweiten Weltkriegs weiter Kriegsministerium heißen durfte und nicht Verteidigungsministerium. Die Wohnung der Tante, Soldatenwitwe, hatte Biedermeiermöbel und an der größten Wand im Wohnzimmers hing ein opulentes Ölbild des viele Jahrzehnte herrschenden Kaisers. Die Buchstaben *AEIOU* interpretierte ich richtig als *ALLES ERDREICH IST ÖSTERREICH UNTERTAN* und auch die Inschrift auf der Frontseite des Kriegsministeriums, an dem ich morgens und mittags auf dem Schulgang vorbeikam, war mir ein Begriff: *SI VIS PACEM PARA BELLUM – Wenn du den Frieden willst, dann rüste zum Kriege.* Und irgendwann war es dann wieder Zeit für den nächsten Krieg, zu langer Friede wurde unerträglich.

ES LEB' DER KRIEG!

Auch im hohen Norden, in Preußen, wusste man, wie reich Schlesien war und ein bekennender Militarist, der preußische Feldmarschall von dem Knesebeck, dichtete höchstpersönlich ein Lob des Krieges:

Es leb' der Krieg! Im wilden Kriegerleben
Da stählet sich der Mut!
Frei kann die Kraft im Kriege nur sich heben,
der Krieg, der Krieg ist gut.

Und wirklich weiter so, viele Strophen mehr.

FÜR IHN BRAUCHT MAN VIEL ZEIT

Auch zum Hauptwerk eines anderen unglücklichen Österreichers kann man immer wieder einmal greifen und es geduldig lesen: Adalbert Stifters *Nachsommer*. Da gibt es kaum *action*. In der Zeit lange vor dem Fernsehen und seiner Quotenjagd sitzt das Liebespaar abends vor dem Haus und bewundert ausdauernd das schöne Rosenspalier. Und lässt sich unsagbar viel Zeit mit seiner Liebe. Es küsst sich, je nach Buchausgabe, auf Seite 391 oder 431 oder 455 zum ersten Mal. Heute hätten sie an dieser Stelle längst den dritten *Lebensteilzeitsabschnittspartner*. Bei Stifter wird nicht die Farbe von Kondomen diskutiert, da werden keine intimen Körperteile beschrieben, keine Feuchtgebiete erkundet und es gibt schon gar keinen One-Night-Strand, nein, die Liebenden küssen sich nach Jahren erstmals ergriffen und züchtig. Naturbeschreibungen und der sehr langsame Weg der Liebenden in die Zukunft und in die lebenslange Beziehung machen das Buch aus.

ARZT UND WOMANIZER

Und noch einen Österreicher, Wiener, kann man immer wieder lesen: Arthur Schnitzler, einen im Gegensatz zu Stifter sexbesessenen Wiener Autor und Arzt, der sogar seinen Patientinnen näher getreten ist. Nicht nur seine Novellen sind Kostbarkeiten, auch einige seiner Stücke. *Der weite Weg* handelt von Liebe und Freiheit zur Liebe, von Schmerz und Brutalität und den Dialog über Liebe und Ehe, den der Fabrikant Hofreiter und sein Freund, der Direktor eines Berghotels miteinander führen, kann süchtig machen. Herr von Aigner: *Warum ich sie betrogen habe? ... Sie fragen mich? Sollt' es Ihnen noch nicht aufgefallen sein, was für komplizierte Subjekte wir Menschen im Grunde sind? So Vieles hat zugleich Raum in uns! Liebe und Trug ... Treue und Treulosigkeit ... Anbetung für die eine und Verlangen nach einer anderen oder nach mehreren. Wir versuchen wohl Ordnung in uns zu schaffen, so gut es geht, aber diese Ordnung ist doch nur etwas Künstliches ... Das Natürliche ... ist das*

Chaos. Ja, mein guter Hofreiter, die Seele... ist ein weites Land, wie ein Dichter es einmal ausdrückte... Es kann übrigens auch ein Hoteldirektor gewesen sein.

GOETHE: LEBEN UND WERK IN BRIEFEN ZUSAMMENGESTELLT VON FRIEDHELM KEMP

Das ist ein ganz und gar unverzichtbares Buch. Es enthält Briefe von Goethe, Briefe an Goethe und Briefe über Goethe. Diese Briefe stellen eine Biografie dar, die kaum schlagbar ist. Sie werden durch knappe und hilfreiche Erläuterungen erklärt, die über Zeitabfolgen, Briefschreiber und Zusammenhänge informieren. Man kann es, nach kürzerer oder längerer Pause, an beliebiger Stelle aufschlagen und weiß dann mehr, viel mehr über Johann Wolfgang von Goethe.

WIE EIN THEATERSTÜCK ENTSTEHT

Carel Capek, tschechischer Autor, hat vor vielen Jahrzehnten, das ultimative Buch über die Entstehung eines Theaterstückes geschrieben, über die Leiden des jungen oder älteren Autors und darüber, dass es ein Wunder ist, wenn eine Uraufführung überhaupt zustande kommt. Man verfolgt, selbst leidend, die Niederschrift mit, das erste Echo, alle Änderungswünsche, die auf den Autor herunter regnen, die Annahme des Stückes, die Qualen der Besetzung und die Proben bis zur Premiere. Da hat sich heute manches geändert, aber die Grundsituation bleibt und stimmt weiterhin und das Buch sollte Standardwerk aller Dramatiker sein: *Wir wollen nicht hochstaplerisch vortäuschen, als ob wir das Theater verstünden; Tatsache ist, dass niemand das Theater versteht, weder die auf den Brettern alt gewordenen Leute, noch auch der älteste Direktor, ja schließlich nicht einmal die Theaterreferenten. Du lieber Gott, wenn so ein*

Dramaturg wüsste, ob ein Stück Erfolg haben wird! Wenn der Schauspieler vorher ein sicheres Anzeichen hätte, dass er das Rennen gewinnen wird, ja dann könnte man ebenso ruhig und ehrbar Theater machen wie man Tischlerei betreibt oder Seife siedet. Aber das Theater ist eine Kunst wie die der Kriegführung und ein Hasardspiel wie das Roulette. Niemals weiß man im vorhinein, wie es ausfallen wird. Nicht nur bei der Premiere, sondern auch an jedem Abend ist es ein pures Wunder, dass überhaupt gespielt wird, und wenn schon gespielt wird, dass man auch zu Ende spielt.

DAS MESSINGHERZ

Mit Herbert Rosendorfer, universell gebildetem, vielseitigem und produktivem Autor, der nach Amtsrichterzeit in München und Zwischenstation im Naumburg der Nach-DDR-Zeit in seine Heimat Südtirol zurückgekehrt und nun gestorben ist, war ich, in respektvollem Abstand, befreundet. Seine *Briefe in die chinesische Vergangenheit* haben allein in der Taschenbuchausgabe, über eine Million Exemplare erreicht. Wir korrespondierten miteinander, notfalls und in Eile per E-mail, möglichst aber in Briefen. Als wir uns kennenlernten, sind wir darauf gekommen, dass wir dasselbe Hobby teilen: wir verwendeten Briefpapier und Kuverts von Hotels aus aller Welt, in denen wir, oft schon vor Jahren, logiert haben. Rosendorfer hatte eine herrliche, gleichmäßige und gut zu lesende Handschrift. Ich konnte ihm nur mit Maschinenschrift antworten. Als Kind bin ich in der Schule noch gezwungen worden, als Linkshänder mit der rechten Hand zu schreiben und meine Handschrift ist deshalb katastrophal. Manchmal kann ich die eigenen, flüchtig hingeworfenen Notizen, gar nicht mehr entziffern und so entgehen der Weltliteratur und der Dramatik unersetzliche Formulierungen.

Herbert Rosendorfer hat eine ganze Bibliothek an Titeln verfasst, fantasievolle, düstere, heitere und groteske Bücher. Mein Favorit ist sein Geheimdienstroman *Das Messingherz*, in dem er die meist dilettantische und groteske Tätigkeit des Geheimdienstes im bayerischen Pullach auf die satirische Schippe nimmt und von Agenten schreibt, die mehrfach „umgedreht“ und doch jedesmal weiterbeschäftigt werden, weil sie mit dem Wissen um die gegnerischen Zentralen unersetzlich sind.

DER MANN DER BUDDENBROOKS

Mit Thomas Mann, dem Berühmtesten der großen Mann-Familie, kann man Monate verbringen, und er verhilft einem bei Flugreisen dazu, ohne Übergepäck zu reisen, denn *Die Buddenbrooks* oder *Der Zauberberg* als Taschen- oder Dünndruckausgabe garantieren einem drei Wochen spannenden Urlaubs mit nur einem Buch. Oder *Die Bekenntnisse des Hochstaplers Felix Krull*, 1957 mit Horst Buchholz in der Hauptrolle verfilmt. Ein geschickter und raffinierter und hübscher junger Mann, der auf seine Weise Karriere macht – vor allem bei den Frauen. Er beginnt als Liftboy in einem Hotel und zieht das Interesse einer reichen Fabrikantengattin auf sich. Und siehe da, bald bestellt sie ihn auf ihr Zimmer …

Nicht nur aber, dass sie den Kuss noch weitgehender ausgestaltete, als den ersten am Nachmittag, wobei es an meinem Entgegenkommen nicht fehlte, – so nahm sie auch meine Hand aus ihrer Stütze und führte sie in ihr Dékolletée zu ihren Brüsten, die sehr handlich waren, führte sie da am Gelenk herum auf eine Weise, dass meine Männlichkeit, wie ihr nicht entgehen konnte, in den bedrängendsten Aufstand geriet. Von dieser Wahrnehmung gerührt, gurrte sie weich, mit einer Mischung aus Mitleid und Freude: „Oh, holde Ju-

gend, viel schöner als dieser Leib, dem es vergönnt ist, sie zu entflammen!"

ALS WÄRS EIN STÜCK VON MIR

Ein für mich wunderbares Stück Prosa stammt aus dem Buch *Als wärs ein Stück von mir* von *Carl Zuckmayer. Zuck,* wie ihn die Freunde nannten, floh vor Hitler erst aus Deutschland, dann aus Österreich. Er ging in die USA, konnte dort vom Schreiben nicht leben und wurde Landwirt in Vermont. Während andere Emigranten wie Stefan Zweig mit Frau in Brasilien oder Tucholsky in Schweden Selbstmord begingen, hat Zuckmayer in dieser Zeit sein berühmtes Stück *Des Teufels General* geschrieben – das präzise Vorstellungen von der Atmosphäre in Nazideutschland wiedergab – und erwarb mit seiner Frau gleichzeitig seinen Lebensunterhalt in der Landwirtschaft. Hier die unglaublich wirklichkeitsnahe und realistische Beschreibung seiner Tätigkeit: *Nach der Schneeschmelze des erst Frühlings begann ich die Felder anzulegen. Mais, Kartoffeln, Sojabohnen als zusätzliches Futtermittel, viel Gemüse und Kräuter für den Hausgebrauch. Aber was wäre aus meinen Feldern geworden ohne den Nachbarn Williamson, der mir mit seinem Paar Ackergäulen gegen geringes Entgelt beim Pflügen geholfen hat! Als ich am nächsten Morgen um vier gerade mit der Aussaat beginnen wollte, kam er – obwohl bei ihm selbst gerade gesät wurde – auf einem seiner schweren Gäule durch den Wald getrabt, um mir zu sagen,was er am Vortag vergessen hatte: dass ich die Saatkörner ist in einer bestimmten, fürs Wachstum unschädlichen Teerlösung wälzen müsse, die sie klebrig machten, sonst würden sie alle von den Waldvögeln aus dem Boden gepickt, und ich werde kein Hälmchen besehen. Einen Eimer davon hatte er gleich mitgebracht.*

DRACULA ODER DAS GEHEUL DER WÖLFE

Für mich ist das schönste Beispiel einer gespenstischen, geheimnisvollen und unheimlichen Reise in Prosa ist die Postkutschenfahrt von Jonathan Harker zum Grafen Dracula, die der Dubliner Autor *Bram Stoker*, 1847–1912 in seinem berühmten Roman *Dracula* beschrieben hat. Man fährt geradezu mit durch die finstere Berglandschaft der Karpaten in Transsylvanien und hofft vor den Folgen des Bösen Blicks geschützt zu sein. Dracula, die Geschichte der Untoten und Vampire, die aus ihrem Grab aufstehen und ihren Opfern nachts durch einen Biss in den Hals das Blut aussaugen. Heinz Widtmann hat das Original ins Deutsche übersetzt: *Bald waren wir unter Bäumen, deren dicht verschlungenes Geäst förmlich einen Tunnel über uns bildete, bald stiegen schroffe Felsen zu beiden Seiten kühn in die Höhe. Trotzdem wir geschützt waren, konnten wir den immer stärker werdenden Nachtwind hören; es pfiff und winselte durch die Felsen und klatschend und krachend schlugen die Zweige der Bäume zusammen. Es wurde immer kälter und kälter und bald fiel auch ein leichter Schnee, der uns und unsere Umgebung in einen weißen Überzug hüllt. Der scharfe Wind trug uns aus immer weiterer Ferne das Heulen der Hunde zu. Dagegen klang das Geheul der Wölfe näher und näher, gleichsam als wenn sie uns von allen Seiten umringten …*

EIN BERÜHMTER SPAZIERGANG

Vielleicht sollten wir unseren Spaziergang durch die deutsche Literatur mit einem Spaziergang abschließen, der in jede Jahreszeit passt. Er wurde geschrieben von Johann Wolfgang von Goethe von 1773 bis 1775 in seinem berühmtesten Gedankendrama, dem *Faust*. Vielleicht ist das der berühmteste Spaziergang, den es in der Literatur gibt:

Fausts *Osterspaziergang.*

Vom Eise befreit sind Strom und Bäche
Durch des Frühlings holden, belebenden Blick,
Im Tale grünet Hoffnungsglück;
Der alte Winter, in seiner Schwäche,
Zog sich in raue Berge zurück.
Von dorther sendet er, fliegend, nur
Ohnmächtige Schauer körnigen Eises
In Streifen über die grünende Flur...

MIT BRIEFEN LEBEN!

Die Verpflichtung, Briefe oder Postkarten zu schreiben rührt an ein Kernproblem meines Lebens, wie dem meiner Frau, nämlich den anderen, den Freunden, den Verwandten, den Partnern und Kollegen gerecht zu werden und Einsame mit Nachrichten zu versorgen. Eine Freundschaft fürs Leben zu erhalten, ist schwer genug. Aber viele, fast unmöglich! Im Laufe des Lebens lernt man immer mehr Menschen kennen, privat, beruflich, auf Reisen. Darunter sind solche, mit denen man Kontakt halten, von denen man wieder hören, mit denen man Gedanken austauschen möchte. Das bringt Probleme mit sich. Man kommt in Versuchung, ältere oder „unwichtige" Freunde zu vernachlässigen oder gar fallen zu lassen und sich zu sehr den neuen Bekanntschaften zu widmen: Das ist schade. Briefe können Hilferufe sein und bleiben dann unbeantwortet. Auch Briefe lehren einem Deutsch. Man erkennt in ihnen die Bitte um Antwort, sie dokumentieren Verliebtheit oder auch vorgetäuschte Liebe, sie sind Drohbriefe oder Bettelbriefe, sie offenbaren Verletztheit aus Vernachlässigung.

BRIEFE AUS DER VERGANGENHEIT

Manchmal erreichen uns Briefe aus der Vergangenheit. Zum einen solche, die hinter das Verteilerregal im Postamt gefallen sind und nach Jahren gefunden werden. Zum anderen die Briefe, die sich in Nachlässen befinden und so zu uns kommen. Die Briefe, die mich am meisten erschüttert haben, hängen mit dem Schicksal meines Vaters zusammen. Ich habe ihn kaum gekannt. In den Kriegsjahren waren mein jüngerer Bruder und ich während der Berliner Bombenjahre mehrfach bei Verwandten in Wien untergebracht. 1945 waren wir zusammen in Berlin-Zehlendorf, aber schon im Herbst '45 war er für immer verschwunden. Eines Tages kam er nicht mehr aus seinem Büro nach Haus. Damals hatte Berlin noch eine gemeinsame Verwaltung, die im heutigen Finanzministerium in der Leipziger Straße untergebracht war. Mein Vater war eines Nachmittags zur Sowjetischen Kommandantur in Karlshorst bestellt worden und blieb für immer fort. Meine Mutter, 1963 gestorben, ging noch monatelang täglich um fünf zur U-Bahn-Station Krumme Lanke, um ihn „abzuholen", vergeblich. Vierzig Jahre später erhielten wir einen Brief der nun russischen Militärstaatsanwaltschaft, in dem es hieß, dass unser Vater von einem Militärgericht zum Tode verurteilt und im März 1946 erschossen wurde. Das sei ein Irrtum gewesen und er sei nun rehabilitiert. Kein Bedauern, aber immerhin eine Nachricht, das war schon viel. Meine Mutter, sie ist 1963 gestorben, hat das nie erfahren.

Und vor wenigen Jahren kam ein anderer bewegender Brief. Die Tochter eines Soldaten, die durch eine meiner Erzählungen auf mich aufmerksam geworden war, schickte mir eine Reisebescheinigung, die mein Vater ihrem Vater vor siebenundsechzig Jahren im Frühjahr 1945 ausgestellt hatte:

An die Dienststelle
Der Feldpostnummer L 60910
14.3.45
Hiermit bitte ich Sie, dem beurlaubten Kanonier R.J. die Genehmigung zu erteilen, für meine Dienststelle eine Dienstreise im Interesse der Reichsverteidigung nach Münster/Westfalen zu machen. Dauer etwa 14 Tage.
Der Reichsbeauftragte: I.A. Pillau

Das hat dem Mann zweifellos das Leben gerettet und vor jahrelanger Kriegsgefangenschaft bewahrt. Die unbegründete und vorgeschobene Bescheinigung hätte meinen Vater in Lebensgefahr bringen können. Unterschrieben hat er nur mit *Pillau*, er hat sogar den obligatorischen Hitlergruß vermieden. Dieser Brief war eine Erlösung für meinen Bruder und mich: Unser Vater hätte ja ein Nazi und in dem Amt für Rohstoffverteilung an Kriegsverbrechen im Zusammenhang mit Zwangsarbeitern oder Konzentrationslagern mitschuldig sein können. Es war der wichtigste Brief, den wir je erhalten haben.

In seiner unverkennbaren Sütterlinhandschrift hatte unser Vater demselben Mann ein halbes Jahr zuvor einen Brief geschrieben, der uns ebenfalls erreichte:

Lieber J.
nachdem es mir anscheinend einmal gelungen ist, mit etwas Lesestoff Freude zu machen, hoffe ich, dass auch anliegende Kleinigkeit bei Ihnen Anerkennung finde. Mit größeren Büchern dürfte ihnen bei der räumlichen Enge, in der Sie hausen und der geistigen Enge, die um Sie herum ist, weniger gedient sein.
Mit vielen guten Wünschen und besten Grüßen
Ihr Curt Pillau.

Dieser Brief mit einer Buchsendung stammt vom 4. Januar 1945, also aus der Zeit kurz vor dem Untergang, des Chaos, des möglichen oder wahrscheinlichen Todes, den unser Vater dann auch zu erleiden hatte. Sinn für Bücher vier Monate vor dem Ende des *Tausendjährigen Reiches*, das lässt auf eine große Persönlichkeit schließen und darauf, dass meine Mutter Grund gehabt hatte, ihn sehr zu lieben. Nun musste ich, ohne seinen Rat und seine Hilfe, nicht nur unsere nur noch dreiköpfige Familie mit ernähren, ich musste allein Lebenserfahrungen sammeln, unnötige Irrtümer begehen, Anregungen erhalten und erwachsen werden, eine Belastung, die meine Entwicklung auf vielfältige Weise und lange verzögert hat.

BRIEFWECHSEL LESEN!

Viele Leser flüchten bei Nachfragen zu ihrem getreuen Helfer, dem Computer, der ihnen verrät, wo das gesuchte Buch oder eine wichtige Thematik zu finden sind. Aber auf diese Art wissen sie nichts von der Beziehung etwa zwischen Heinrich und Thomas Mann. Die Briefwechsel berühmter Schriftsteller untereinander sind ihnen unbekannt. Sie achten nicht auf die *Vernetzung* innerhalb der Literatur. Sie ahnen nicht, dass diese Briefwechsel oft Romane sind, intime Tagebücher, und dass sie von abenteuerlichen Leben berichten, von Fluchten, Verzweiflung und Liebesdramen. Sie schildern schwere Zeiten etwa in einem Mahnbrief von Schnitzler an S. Fischer, in dem sich der Autor darüber beschwert, dass er im vergangenen Jahr nur ein paar Millionen Mark verdient habe: Die Inflation der Zwanziger Jahre als Beschreibung einer katastrophalen deutschen Epoche, von der wir hoffen, dass sie nicht so extrem wiederkehrt.

Oder, wie sich Arthur Schnitzler und Hugo von Hofmannsthal per Briefwechsel zu einem Abendessen im Sacher verabreden: Der eine schlägt das Treffen vor, der andere bestätigt es, und Ersterer dankt über die Zusage. Und das alles an einem Tag.

Meine Urgroßmutter mütterlicherseits in Wien hieß Aglaia von Enderes und war eine sehr bekannte Autorin von Natur- und Tierschilderungen, vielleicht die erste überhaupt, Vorläuferin von Grzimek und Sielmann, sie war sogar in Amerika berühmt. Einmal, darüber freute sie sich besonders, erhielt sie, ohne lange Verzögerung, einen Brief aus Boston, Massachussetts, knapp adressiert an: *Aglaia von Enderes, Europa.*

DASS BRIEFE BEANTWORTET WERDEN IST WICHTIG!

Briefe können wunderbar, lebenswichtig, auch lebensrettend sein. Dass Briefe beantwortet werden, ist wichtig. Arbeitssuchende warten auf die Beantwortung ihrer Bewerbungen, einsame alte Leute auf die Antworten ihrer Kinder, Liebende auf Gegenliebe und alle anderen eben auf Resonanz und auf ein Echo. Viele Politiker werben kurz vor der Abstimmung fast demütig um ihre potentiellen Wähler, aber sind sie einmal in den Ämtern, lassen sie ihre Kritiker postalisch verhungern. Nicht immer übrigens, in den 1970ern habe ich einmal einen erbitterten, kritischen Brief an den damaligen Bundeskanzler Willy Brandt geschrieben, weil mir, bei der Passierscheinvereinbarung mit der DDR, die so wichtige Sicherheit der Reisenden vor Verhaftung auf der Transitstrecke nicht genügend vereinbart erschien. Nach drei Wochen erhielt ich einen Brief aus Bonn: *Wir freuen uns, dass Sie mit den Zielen der Sozialdemokratischen Partei Deutschlands übereinstimmen.*

Briefe sollten beantwortet werden, das ist auch eine Frage der Höflichkeit, der Kultur, des Umgangs mit anderen.

Die Briefkultur ist im Niedergang, und dabei sind Briefe etwas Wunderbares. Laut *Süddeutscher Zeitung* hat Stefan Zweig über viele Jahre täglich fünfzehn Briefe geschrieben – mindestens. Dabei oblag es dem berühmten Schriftsteller, auch mit jeder Postkarte, ein gewisses sprachliches Niveau zu halten und nicht wenige seiner Briefe – viele von ihnen auf Französisch – sind kunstvolle Prosa. Als er im Februar 1942 mit seiner zweiten Frau Lotte im Exil in Petropolis aus dem Leben schied, hinterließ Zweig auf seinem Schreibtisch eine Declaracao, die mit den Worten endete: *Ich grüße alle meine Freunde! Mögen sie die Morgenröte noch sehen nach der langen Nacht. Ich, allzu Ungeduldiger, gehe ihnen voraus!*"

Große Geister, wie herzliche einfache Menschen, aber haben beim Briefe schreiben Herrliches zustande gebracht. Zuerst einmal Goethe in seinen Briefen an Charlotte von Stein, Goethe, der zum Glück nie mit dem Deutschen Rechtschreibrat zu tun gehabt haben konnte. Kranck mit ck, süs mit einen s und so weiter.

Nicht nachlassende Zärtlichkeit für Charlotte – oder, wie neuerdings erforscht, Großherzogin Anna Amalia – über viele Jahre, etwa 1783: *Ich mögte erfahren, wie meine Beste geschlafen hat und ob sie mir recht freundlich erwacht ist. Nach Mittage komm ich zu dir, gegen Abend will ich zur Herzogin Mutter, und dich in der Gesellschaft wieder finden. Adieu Geliebteste.*

Leider hat die Post als Institution stark nachgelassen Ich bin jedes Mal neidisch, wenn ich eines meiner Lieblingsstücke noch einmal lese, etwa Arthur Schnitzlers Drama *Das weite Land*, da fragt der abends in die Villa im Wienerwald heimkehrende Fabrikant Hofreiter seine Frau: *Genia, ist die Abendpost schon gekommen?*

Die Post wurde damals fünf mal täglich ausgetragen. Post ist lebenswichtig. Autoren kriegen gar nicht genug vom Schreiben, nach der Schreibarbeit müssen sie Briefe schreiben und das gibt ein Geflecht von Informationen, Assoziationen, Reflexionen, die zwischen einem selbst und den anderen lebenslange Verbindungen schaffen. Oft nur Marginalien, kurze Gedankenkleckse, freundliche Banalitäten, die dem anderen signalisieren, dass man ihn braucht. Ein Brief verfliegt nicht wie Worte am Telefon, man kann ihn wieder und wieder lesen.

Das Wort Brief kommt vom dem lateinischen *brevis* und bedeutet *kurz* – es gibt aber auch herrlich lange Briefe. Meyers großes Konversationslexikon von 1905: *Brief, im gewöhnlichen Leben eine schriftliche Mitteilung in herkömmlicher Form an Abwesende.*

Abwesende? Bei Jane Austen, der englischen Bestsellerautorin (1775–1817) schreibt ein schüchterner Liebhaber – unfähig, sich mündlich zu artikulieren – einen Brief an die Angebetete in deren Gegenwart.

Eine weitere Sparte des Briefes ist der Leserbrief: Antwort des Schauspielers Ezard Haußmann auf meinen Brief nach dem Hören einer CD mit ganz einfach und undramatisch aber wunderbar gesprochenen Johannes-Bobrowski-Gedichten:

Lieber Horst Pillau,
herzlichen Dank für Ihr Lob. Es bedeutet mir viel. Wichtig bei einem Gedicht, dem Vortrag, ist immer der Atem des Dichters, seine Gedanken, seine Sprache, und nicht die Artistik des Schauspielers, die ja meistens Maniriertheit und Kunstgewerbe ist.
Mit guten Gedanken, Ihr Ezard Haußmann.

Einer der angenehmen, weil in wunderbarer Handschrift geschriebenen Briefe des Schauspielers Hans-Jürgen Schatz, der mit mir nun schon viele Lesungen im Renaissancetheater und in der Akademie der Künste bestritten hat, der Figuren aus Papier differenziert lebendig machen kann und dessen Rezitationsabende auch zu musikalischen Themen in ganz Deutschland bewundert werden:

Nirgendwo liegen Lachen und Weinen so nahe bei einander wie am Theater. Die beiden Masken symbolisieren das. Dieser auf die Lebensbühne übertragene Umstand hat mir zwei sehr schöne Briefe von Ihnen beschert, für die ich sehr herzlich danke. Zu Ihrem Enkel gratuliere ich und schicke jede Menge Glückwünsche für Oma, Opa und die Eltern. Wenn dann tatsächlich eine Generation übersprungen wird, dann könnte ja hier der nächste Großautor geboren sein.

Gruß von Horst Pillau an diesen Enkelsohn, den dritten, Jim, im August 2005 geboren:

Hallo Jim!/Willkommen zu Hause!/Wir glauben, es wird Dir gefallen/in der Gipsstraße./Du hast eine Mutter/die schon neun Monate lang/prima mit dir ausgekommen ist/ und Dich dauernd mit sich rumgetragen hat./ Bald läufst Du selber./Du hast einen Vater/der gern spielt und Spiele erfindet,/mit dem man gut spielen kann/Was willst Du mehr? Du heißt Jim,/kurz und bündig,/das gefällt uns./Jim, das kommt vielleicht/von Jim Knopf/oder von Jimny/, dem Auto Deines Opas./ Aber es kommt nicht von Jam,/das heißt Marmelade./Maria aus Innsbruck,/die Cousine Deines Opas/hat am Telefon/nach langer Pause gefragt:/Wie heißt er? Kim?/Es gibt doch/so schöne deutsche Vornamen./Nein, Du heißt Jim./Wir begrüßen dich auf der Welt!/Die ist nicht immer lustig/Aber Du sollst es/sehr gut haben!! Du hast einen Opa,/der Dich sehr mag/, ebenso eine Oma,/die Dich sehr mag/Aber nein,/Du hast sogar zwei Omas,/die Dich sehr mögen./Omas und Opa/und die Eltern/das sind schon fünf./Was will man mehr? Erzieh Deine Eltern,/sie sollen schön brav sein/und dir keinen Kummer machen./Laß sie nachts/schön schlafen/das ist das einzige/was Du zum häuslichen Frieden/beitragen kannst. Jim, wir freuen uns/dass Du da bist. Du bist ja nicht hektisch,/Du hast Dir Zeit gelassen./Das ist sehr gesund! Alles Liebe/Von Deiner Oma und Deinem Opa!

Jim antwortet zum ersten Mal selbst im Alter von zehn Monaten:

LIEBER OPA!

Lieber Opa, ich habe was gemacht, was Du bestimmt toll findest: Ich habe den Schlüssel zum Schuhschrank versteckt. Ha, ha, das ist ein Spaß! Mama kommt an ihre Schuhe nicht mehr ran! Ehrlich gesagt, ich weiß nicht mehr genau, wo ich den Schlüssel hingetan habe, da gibt's so viele Möglichkeiten, eventuell im Kühlschrank. Da verstecke ich gerne Sachen drin. Muß ich mal nachschauen, aber egal, Mama sucht jetzt so schön. Und dann ist sie sauer, weil sie hat mir heute eine kleine Eisenbahn von Playmobil gekauft – ich finde aber die Verpackung viel schöner und spiele nur damit. Nu sitzt Mama auf dem Sofa, trinkt Tee und macht 'nen Flunsch. Weiber!! Hab einen schönen Abend, lieber Opa, Dein Jim.

Und später:

Lieber Opa, am Sonntag kommt Oma Paula mit „Cousinen", was immer das sein mag. Ellen und Lore heißen sie und sind schon ziemlich alt, glaube ich. Auf alle Fälle älter als drei – und drei ist wirklich sehr alt! Der Vinzent in der

Kita ist schon drei, deshalb weiß ich das. Bei den Cousinen kann man nur hoffen , dass sie mich nicht küssen wollen und mir ein Polizei-Auto mitbringen. Machs gut, lieber Opa, schlaf gut.

Briefe können auch leise Testamente sein. Der letzte Brief von Heinrich Riethmüller, Komponist und Musiker aus Berlin und musikalischer Leiter der Rosenthal-Sendung *Dalli Dalli*. Früher im ständigen Funk- und Fernsehstress unzähliger Livesendungen, lebte er seit Hans Rosenthals Tod geruhsam in Baiersbronn im Schwarzwald, spielte dort sonntags in der Kirche die Orgel oder saß, seine Spezialität, in Kinos am Klavier und spielte bei alten Stummfilmen dramatisch den Filmerklärer. Er schrieb mir am 21. Juli 2006, vor seiner dritten Operation: *Wie gern wäre ich in Eurer Mitte gewesen, um Oskar das letzte Geleit zu geben. Aber ich traue mir längere Abwesenheiten von zu Hause eben noch nicht zu. Dabei fühle ich mich im Moment ganz gut, wohl wissend, dass am 25.7. die Stunde der Wahrheit schlägt und die große Operation alles ans Licht bringen wird. Doch vielleicht ist mit dem herausgeschnittenen Rest meines Tumors alles erledigt und der, wie man mir sagte, anwesende Pathologe attestiert mir, dass ich nun* clean *bin. Ich sehe diesem Termin mit Spannung, aber nicht mit Sorge entgegen, und was könnte ich schon machen, wenn Hänschen Rosenthal da oben jemand braucht, der ihm seine Musikfragen ausarbeitet. Aber er wird auch Verständnis haben, wenn ich ihn bitte, noch etwas zu warten.*

EINE FRAU MIT SELBSTIRONIE! MIT HUMOR! WIRKLICH!

Selbstironie rechtfertigt ja alles: Liebe, Sentimentalität, Einfalt, Kitsch. Barbara Noack, (*Die Zürcher Verlobung, Der*

Bastian, Drei sind einer zuviel) wunderbare Schriftstellerin und eine der wenigen Autorinnen, die über *Selbstironie* verfügen, nahm sich und ihre Liebesgeschichten nie bitter ernst, sondern fand immer etwas Humorvolles dabei. Sie sagt übrigens von sich, sie habe in schwierigen Lebensphasen, etwa bei Scheidungen oder Trennungen, immer die besten Bücher geschrieben. Hat leider seit vielen Jahren an ihrem Starnberger See keine Lust mehr zum Schreiben, würde all die anderen humorlosen *Melodramendamen* schreiberisch wegfegen. Barbara Noack, im Juli 1998: *Geht's Euch gut? Seid ihr glücklich in Berlin? Klar, seid ihr. Mitte September sind wir mal wieder in Berlin, ich versuch's mal. Wir hatten ein turbulentes Jahr bisher, Mitte März eine Wahnsinnsreise auf einer Art Expeditionsschiff, das von bösen Geistern heimgesucht wurde – von den Osterinseln bis zu den Marquezas – zu den Tuamutos, Bora Bora, Tahiti – alles am ärschesten Arsch der Welt, wo dir einfach nichts passieren darf. Es passierte aber genug. Sogar Tote. Bei mir brach eine Vergiftung am Bein erst in L.A. aus. Ich mit 40 Fieber bloß heim. Schwiegertochter und Notarzt brachten mich nach Harlaching. Es stand die Amputation zur Debatte, um mich zu retten. Na ja, es ist noch dran, mein Bein, da wo es tot war sind Hauttransplantationen, 9 Wochen war ich im Spital und zu Hause schonste dich ja nicht. So sieht es auch aus. Alle Sommerreisen, schöne, konnten wir vergessen. Aber ich hab noch zwee Beene, was willste weniger? 12 Kilo sind runter, 3 habe ich mir wieder erlaubt. Nie wieder diese Reise, aber vermissen möchte ich sie auf keinen Fall. Mit den Zodiaks durch die irre Brandung – Schnorcheln in Haigebieten undsoweiter. Außer El Nino haben wir nichts ausgelassen. Andere Leute in unserem Alter sitzen vorm Kurkonzert und häkeln. Also genug von mir. Die allerliebsten Grüße und Wünsche für das baldige Geburtstagskind und sein treues Weib. Bleibt gesund. Bleibt erfolgreich. Bleibt fröhlich. Eure Barbara.*

WOLFGANG RADEMANN PRODUZENT UND BERLINER

Spannend sind oft auch Briefduelle, kleine Streitschriften, schriftliche Auseinandersetzungen, wenn sie nicht in Beleidigungen und Wutanfällen ausarten. Ein Brief von mir an den prominenten Fernseh-Produzenten Wolfgang Rademann:

Lieber Herr Rademann,
in Ihrer schönen Afrikasendung war eine Sequenz, die mir als altem Piloten unangenehm und schmerzhaft war. Als Ihre Akteure in die Cessna einstiegen, war mir augenblicklich klar, dass sie abstürzen würden. Drei Tage vorher gab es eine Liebesgeschichte vom Wolfgangsee, in der ein junger Stardirigent in ein Sportflugzeug einsteigt. Ich wusste sofort, dass er eine Bruchlandung machen würde. Und im berühmtesten Afrikafilm, Jenseits von Afrika, muß der arme Robert Redford im Doppeldecker sterben. Flugzeugabstürze scheinen ungeheuer attraktiv zu sein, aber sie sind absolut unsymptomatisch, selten und unüblich. Sie fliegen doch auch viel! Ich fliege seit über fünfzig Jahren und habe mehr Flugstunden als sechs Piloten nachweisen müssen, die Berufspiloten werden wollen. Jeder Tag im Leben kann der letzte sein, also auch beim Fliegen, aber ein normaler Flug ist ungeheuer bürgerlich und vielfach abgesichert. Auf der Autobahn, mit Rasern, Betrunkenen, Epileptikern, Drogensüchtigen, Halbblinden und Fahruntüchtigen ist mir tausendmal unwohler. Offenbar ist man bei einem Flugzeugunglück töter als durch ein anderweitiges Unglück. Bitte, suchen Sie sich Ihre Unglücke doch auf andere Weise aus!

Antwort von Wolfgang Rademann:

Lieber Herr Pillau!
Ihr Brief zum Flugzeugabsturz in Afrika hat mich erreicht, aber Unglücke im Film werden nicht nur nach dramaturgischen Gesichtspunkten sondern auch nach Etatgrößen geplant. Und ein Flugzeugabsturz ist billiger *als ein Eisenbahnunglück oder ein zerstörter Bus, weil man besser „türken" kann. Sie werden sich also weiter ärgern müssen. Ich habe vorerst keine ähnlichen Unfälle in meinen Filmen geplant. Somit ist Ruhe an meiner Front.*
Schöne Grüße Wolfgang Rademann.

ZAHLEN SIE ZWEIHUNDERT DOLLAR DANN IST KEIN SANDSTURM

Fliegerthemen bewegen einen Flieger wie ich es bin ein Leben lang. Etwa wenn in fantasievollen Romanen ein Flugkapitän Angst vor dem Fliegen hat. Das hat er normalerweise nicht. Und wenn kritische Situationen eintreten – das passiert sehr selten in einem Pilotenleben – dann hat er soviel zu tun, dass er absolut keine Zeit hat, sich zu ängstigen. Davon zeugt eine wunderbare Freundschaft, auch Brieffreundschaft mit dem Lufthansa-Jumbo-Kapitän Ingo Marks. Obwohl wir uns zueinander verhalten wie ein Elefant zu einer Ameise, er im Cockpit seiner Boeing 747 mit vierhundert Passagieren, ich mit höchsten vieren, er mit vier mächtigen Strahltriebwerken, ich mit höchstens 180 PS vorn am Quirl. Über Jahrzehnte, hat auch er keine sensationellen Erlebnisse gehabt, oder vielleicht doch. In Afrika wurde er ab und zu von Fluglotsen gehindert, mit seinem Jumbo am Zielflughafen zu landen, *weil dort gerade ein Sandsturm tobe.* Auf Nachfrage meldete sich der Towerlotse wieder: Mister, *Zahlen Sie 200 Dollar, dann ist* kein *Sandsturm.*

KAMPF UM TEMPELHOF

Ich habe seit vielen Jahren einen erbitterten Leserbriefkampf um den Erhalt des Berliner Zentralflughafens Tempelhof geführt. Leserbrief in der Berliner Morgenpost, einer von vielen: *Der Senat hat kein Konzept für Tempelhof. Aber die Gier nach der Immobilie beflügelt den Schließungswillen. Die Berliner sind für den Senat nur eine Verfügungsmasse, die sich dorthin zu begeben hat, wo er es für richtig hält. (Nebenbei: noch zwölf Tage, bis zum 14. Februar können Sie Ihre Stimme für Tempelhof abgeben). Fluggäste, die künftig nur in Schönefeld abfliegen können, werden den Straßenverkehr zu Zehntausenden sinnlos erhöhen. Unfälle und Luftverschmutzung steigen an. Wenn der unselige Plan des Senats verwirklicht wird, nämlich „eine maßvolle Bebauung mit Gewerbe, Wohn- und Bürobauten und einer Art Disneyland oder Legoland", werden die umliegenden Bezirke so belastet, dass sich auch der letzte Einwohner nach dem Flughafen zurücksehnen wird. Das angekündigte Wiesenmeer kann nach der Bebauung nur kleiner werden, der Flughafen ist ja jetzt schon ein Wiesenmeer, und die Stadt wird damit ungesünder …*

P. S.: Aus maßvoller Bebauung sind inzwischen, 2012, fünftausend geplante Wohnungen geworden, man erwägt einen See mit Schwimmbad anzulegen, einen Berg mit Schipiste aufzuschütten, eine Bibliothek oder eine Auto-Rennstrecke zu bauen. Und aus dem Wiesenmeer des früheren Flughafens, das ein hinreißendes und unberührtes Biotop war, ist inzwischen eine klägliche zertrampelte Brache geworden, auf der Rad gefahren, geskatet, Fußball gespielt und gegrillt wird.

Ein Ort an dem nun nur noch Drachen gen Himmel steigen.

WÄRST DU DOCH IN BRIEFZENTRUM GEBLIEBEN

Briefe leben, sie sollten weiter Bestandteil unseres Lebens sein. Aber ausgetragen wird die Post nur noch einmal täglich, und manchmal erhält man seine Sendungen erst um 16 Uhr dreißig. Die Post hat in den letzten Jahren jeden zweiten Briefkasten abgebaut, alte Menschen müssen ausschwärmen, weite Wanderungen unternehmen, um den Brief an Tochter oder Sohn einzuwerfen, bei Glatteis ein riskantes Unterfangen. Früher konnte man schön gestaltete Briefmarken thematisch und mit den verschiedensten Motiven aussuchen, heute gibt es die sogenannte Labelfreimachung oder das PWZ-Gebinde, Postwertzeichengebinde mit primitiv bedruckten Papierstreifen. Auf den Briefstempeln steht nicht mehr Giengen an der Brenz, Grünwald bei München oder Hemdingen Post Pinneberg, nein, auf dem Stempeln steht das anonyme Wort *Briefzentrum*. Briefzentrum, dieser Ort ist auf keiner Landkarte zu finden, er kommt in keinem Lied vor:

Wärst du doch in Briefzentrum *geblieben* oder
Kleine Kellnerin aus Briefzentrum ...

... und das Herz beginnt nicht zu klopfen, denn man weiß nicht, woher der Brief überhaupt kommt. Noch schlimmer sind aufgedruckte Stempel auf den Kuverts ohne Datum: *Deutsche Post AG Entgelt bezahlt*. Das ist banal und auf schändliche Weise anonym. Postboten von privaten Postagenturen sollen mitunter die ihnen überantwortete Post zu Hause sortieren – eine echte Gefahrenquelle.

Der mit uns befreundete israelische Dichter Moische ben-Gavriel schickte in den Fünfziger Jahren mitunter Briefe an die Herren Gotthold Ephraim Lessing, Eduard Mörike oder andere längst Verblichene und erhielt dann den jeweiligen Brief zurück mit dem Hinweis: *Empfänger unbekannt verzogen*, *nicht zu ermitteln* oder *im Hause unbekannt*.

DAS ÜBERMASS AN MITTELMASS

Der Niedergang der Briefkultur hat eine Reihe von Ursachen, zuerst das Fernsehen. Fernsehen produziert Legastheniker und mehr als vier Stunden Fernsehen pro Tag setzt dem Intelligenzquotienten hart zu. Dabei ist nicht das Fernsehen an sich verwerflich, nur das Übermaß an Mittelmaß. Der preußische Nationaldichter Theodor Fontane hat geschrieben: *Im Café Josty saß ein Mann, der trank zwölf Tassen Kaffee hintereinander und fiel tot um, merke: alles Verzwölffachte tötet einen Menschen.*

Das Handy, eigentlich eine verdienstvolle Erfindung, auch lebensrettend, wenn man beim täglichen Abendspaziergang in eine Gletscherspalte fällt und eine SMS über den Verbleib absetzen kann, trägt auch zum Niedergang bei. Derjenige der nur noch mit maximal 160 Zeichen kommuniziert, verliert die Fähigkeit Briefe zu schreiben.

MEINE ENTFERNTE NIERE WAR EINVERSTANDEN

Horst Mönnich, aus der Spitzengruppe der Hörspielautoren und erster Beschreiber von Wolfsburg mit dem Roman *Die Autostadt*, schreibt 1988:

Gerade am Tag, als Ihre Genesungswünsche und Ihr schönes Buch hier am Chiemsee eintrafen, entließen mich die barmherzigen Brüder am Romanplatz aus ihrer Obhut und Ihr lieber Gruß und Ihr Gedenken taten mit dem Wieder-zu-Hause-Sein ein Doppeltes: dass ich mich wieder angeschlossen fühlte an Welt und Wort, sozusagen. Nehmen Sie herzlichen Dank, meine Freude war groß und sie werden es nicht glauben: gleich schwang ich mich auf mein Fahrrad und es gelang: meine entfernte Niere war damit einverstanden. Noch vor gar nicht langer Zeit hätte ich den berühmten Blitz aus heiterem Himmel für unmöglich gehalten. Nun, man muß damit fertig werden. Trotzdem ist der Schreibtisch mir merkwürdig entrückt und es ist … alles nicht mehr so wichtig, wie es gestern war.

SCHLIESSLICH HABEN WIR DIE GROSSE ZEIT DES FERNSEHENS MITERLEBT

Ähnlich entmutigt äußert sich Theodor Schübel, fränkischer Dichter aus Schwarzenbach an der Saale, Grenzlandbewohner zur DDR und ein weiterer großer Name in der Fernsehlandschaft der ersten Nachkriegsjahrzehnte. Er hat keine sogenannten *Fernsehfilme* geschrieben, sondern literarische Fernsehspiele. Das waren keine Melodramen, keine Telenovelas und keine kitschigen Liebesgeschichten, sondern preisgekrönte Fernsehdichtungen, in einer Zeit, da auf dem Bildschirm noch nicht allabendlich am laufenden Band gemordet wurde und Deutschland über mehr Fernsehkommissare als Einwohner verfügte. Schübel war ein Fernsehdichter, aber seit der Malaise des schauerlichen Quotenfiebers dann plötzlich weg vom Fernsehfenster. Er schrieb mir:

Die großen Schwierigkeiten, Konflikte und Animositäten, von denen Sie schreiben, habe auch ich unterschätzt. Hierfür sehe ich vor allem zwei Ursachen: Einmal war der Zustand der Wirtschaft in der DDR noch katastrophaler als ich angenommen hatte, und zum andern habe ich mir nicht vorstellen können, wie stark vierzig Jahre Sozialismus die Menschen geprägt haben. Wenn uns damals in Mainz jemand gesagt hätte, was uns in ein paar Jahren auf dem Bildschirm erwartet! Doch was solls? Schließlich haben wir die große Zeit des Deutschen Fernsehens miterlebt.

ICH LIEBE DICH WIE DU BIST NICHT WIE DU SEIN KÖNNTEST

Ein ganz bemerkenswerter Briefschreiber war Otto von Bismarck, der Eiserne Kanzler. Er hat wunderbare Briefe an

Johanna von Putkamer, seine Braut und spätere Gattin geschrieben. Er war, heißt es im Vorwort der Cotta-Ausgabe, fast ein halbes Jahrhundert lang in ungetrübter Liebe mit ihr verbunden, hat ihr keine Falte seines Herzens verborgen. In der halbjährigen Brautzeit hat er während der häufigen und oft langen Trennungen von der Gattin stets das Bedürfnis gehabt, das innige Zusammenleben mit ihr brieflich fortzusetzen. Hier eine Passage aus einem unglaublich zugewandten, privaten und herzlichen Brief vom 21. Februar 1847:

Wer ist mehr verpflichtet und berechtigt, Leiden und Kummer mit dir zu theilen, Deine Krankheiten Deine Fehler zu tragen, als ich, der ich mich freiwillig dazu gedrängt habe, ohne durch Blut- oder andere Pflichten dazu gezwungen zu werden? Du hattest eine Freundin, zu der Du zu jeder Zeit flüchten konntest, von der Du nie abgewiesen wurdest; vermissest Du die in diesem Sinne, in d e m Bedürfnis? Meine liebe, liebe Johanna, muß ich Dir nochmals sagen, dass ich Dich liebe; sans phrase, dass wir Freund und Leid miteinander theilen sollen, ich Dein Leid, Du das meine, dass wir nicht vereinigt sind, um einander nur zu zeigen, und mitzutheilen, was dem andern Freunde macht sondern dass Du Dein Herz dazu jeder Zeit bei mir ausschütten darfst, und ich bei Dir, es mag enthalten, was es wolle, dass ich Deinen Kummer, Deine Fehler, Deine Unarten, wenn Du welche hast, tragen muß und will, und dich liebe wie Du bist, nicht wie Du sein solltest oder könntest?

ER HAT DEN HEUTIGEN KULKTURBETRIEB NICHT VERKRAFTET

Jahrelanger Briefwechsel mit Karl Wittlinger: erfolgreicher Dramatiker der ersten Nachkriegsjahre, *Kennen Sie die Milchstraße* auch gespielt von den damals berühmten Kabarettisten Wolfgang Neuß und Wolfgang Müller, ein

Welterfolg, oder *Seelenwanderung*, vielfach preisgekrönt. Wittlinger, Alemanne und Freiburger war sensibel, introvertiert und publicityscheu. Er wollte vom Leben nichts als Schreiben können und war tief verletzt, als mit den *relevanten* Bühnenstücken Ende der Sechziger Jahre die ersten höhnischen Verrisse für formal Normales kamen und schrieb dann fast nur noch für das Fernsehen. Herausragende Fernsehspiele und Serien, etwa *Ein Mann will nach oben*, *Die schöne Wilhelmine* und viele andere mehr. Als sein ständiger Redakteur pensioniert wurde, der ihn mit neuen Auftragsarbeiten versorgt hatte, erhielt er von Stund' an keine Arbeit mehr. Er war nicht stark und nicht brutal genug um zu kämpfen, war schwer behindert, hatte keine Ellbogen, verzweifelte. Starb nicht einfach, wie das Fernsehen in den Nachrichten sagte, sondern sprang von einer Brücke im Schwarzwald.

Brief seiner Witwe Hildegard:

Die Umstände von Karls Tod sind nie öffentlich bekannt geworden, die hiesigen Zeitungen haben sie verschwiegen, um nicht noch weitere Menschen zu diesem Sprung zu animieren. Ich finde aber, dass – wenn Dich jemand danach fragt – Du ruhig sagen solltest, dass Karl achtzig – nein, neunzig – Meter tief gesprungen ist, um auch ganz sicher zu sein. Vielleicht kommt dann der eine oder andere von unseren Kulturoberen doch auf die Idee, dass Autoren nicht dazu gebaut sind, den heutigen Kulturbetrieb zu verkraften. Wie viele Enttäuschungen hat er schlucken müssen, dass gute Manuskripte versaut wurden oder gar nicht realisiert – als letztes Euer gemeinsamer „Preller", von Euch beiden so phantastisch geschrieben – wie habe ich mich darüber gefreut. Und dann diese Enttäuschung. Als ich jetzt wieder über diese Brücke fuhr, hab ich wieder geheult bei dem Gedanken, wie allein und ohne Hilfe er war.

VIELEN DANK FÜR DEN NETTEN BRIEF!

Woher soll man, mit der Beziehungsbewältigung beschäftigt, nur die Zeit nehmen, all seine Partnerschaften und Freundschaften minutiös mit Briefen zu bedenken. Die Eile und die Bequemlichkeit und die nachlassende Bildung lassen die Briefkultur untergehen, man beantwortet umfängliche und liebevoll geschriebene Briefe lieber mit dem Telefonanruf: *Vielen Dank für den netten Brief!*

Schauspielern, denen man gratuliert, schreibt man dann aber auch schon einmal in gereimter Form. Selbst große Dichter haben mitunter nur gereimt und Knittelverse losgelassen, das ist legitim. Hier ein Geburtstagsgedicht für den Schauspieler Ralf Wolter:

Wenn man sein Leben lebt, das rächt sich:
Dann wird man auch mal fünfundsechzig.
Bei Wolter, Ralf, ist das kein Alter,
Charakterspieler, Unterhalter,
Kabarettist mit leisen Tönen,
er pflegt den Abend zu verschönen.
Er lässt Indianer jäh erbleichen –
Ein Rollenspektrum sondersgleichen.
Kudammtheater und Komödie,
Boulevard und – selten – auch Tragödie,
Fernsehn und Hörfunk, und ich weiß:
Es reicht Ralf Wolters Wirkungskreis
Von Bagdad, der Kalifenstadt
Wo Hadschi Halef Feinde hat,
bis in den Norden. Dort sehn viele
Bad Segebergs Karl-May-Festspiele.
Er weist dort Gegner in die Schranken.
Ich hab' Ralf Wolter sehr zu danken.
Er hat aus Rollen, die ich schrieb,

den Menschen erst gemacht, der blieb.
Bei Rollen, die dann etwas taugen,
hatt' ich beim Schreiben ihn *vor Augen.*
Auch leise Töne, kein Gepolter.
Viel Schönes sahn wir. Mein Gott, Wolter!

ICH KÖNNTE JA STÖREN

Gottfried Benn, dem großen Lyriker und Facharzt für Haut- und Geschlechtskrankheiten, war die Privatsphäre anderer heilig. Er hatte eine Zeitlang eine angeregte Korrespondenz mit einem Briefpartner aus Graz. Aber Schriftmenschen sind oft scheu, wenn es um direkte Kontakte geht. Benn reiste selten, aber als er einmal tatsächlich in Graz war, zog es ihn in die Straße, die ihm der von Angesicht unbekannte Briefpartner angegeben hatte. Benn stand vor dem Haus und wollte schon klingeln, dachte dann aber bei sich: *Ich könnte ja stören, besser, ich schreibe ihm einen Brief* und ging dann wieder unverrichteter Dinge

SPADSCHETTI SCHMECKEN ERBÄRMLICH

Das Briefe schreiben wird auch durch die jährlichen Rechtschreibreformen des Deutschen Rechtschreibrates erschwert. Im Wort Spaghetti entfällt seither das *h*. Spaghetti ohne *h* aber kommen mir nicht über die Tasten, das wird nämlich im Italienischen *Spadschetti* ausgesprochen, da gibt sich jeder Italiener die Kugel, und *Spadschetti* schmecken erbärmlich. Auch *Flussschifffahrt* mit drei *s* und drei *f* mag ich nicht hinschreiben, das sieht einfach unästhetisch aus, drei gleiche Buchstaben hintereinander muss man erstmal optisch sortieren, und die drei *fff* erinnern mich an den wunderbaren Rühmannfilm *Die Feuerzangenbowle*, als sich Rühmann dem Lehrer vorstellen soll und seinen Namen sagt und der Lehrer fragt: *Pfeifer? mit einem oder mit zwei f?* Und Rühmann antwortet: *Mit drei f, Herr Oberstudienrat, eins vor dem ei und zwei nach dem ei.*

DAS ZEREMONIELL

Warten auf den Briefträger, Öffnen des Postkastens, Herausnehmen des Posteingangs. Erster gieriger Blick, der zwischen Wichtigem und Unwichtigem, Angenehmem und Unerfreulichem zu unterscheiden sucht, Glück oder Ärger, das geschlossene Kuvert, die Briefmarke – oft ein kleines museumsreifes Kunstwerk – der Stempel mit Ortsangabe und Datum, Öffnen, Überfliegen, Lesen und Wiederlesen, Vorlesen, Weglegen und wieder Hervorholen, das Beantworten – eine Kette köstlicher Vorgänge.

Noch einmal Otto von Bismarck an seine Frau am 6. Juni 1859: *Moskau sieht von oben wie ein Saatfeld aus, die Soldaten grün, die Möbel grün und ich zweifle nicht, dass die vor mir stehenden Eier von grünen Hühnern gelegt wurden.*

WENN POSTBOTEN BÖSES TUN

Auch die Briefe lehren uns Deutsch. Briefe sind mir heilig und ich mag nicht hören, dass einer seinen Adressaten nicht erreicht hat. Meine Todfeinde sind die Briefträger, wenn es unter ihnen auch so manchen Rechtschaffenen geben mag, wie den Unseren natürlich. Mit geradezu krankhafter Besessenheit habe ich über Jahrzehnte Zeitungsmeldungen – zumeist aus dem Ressort *Vermischtes* – gesammelt, in denen Postboten Böses tun: Am 7. Oktober 2005 aus der *Süddeutschen Zeitung* ausgeschnitten: Lisa Jane Harvey, britische Postbotin, hat 7,5 Tonnen Post unterschlagen. Mehr als 100 000 Briefe und Pakete hat die Zustellerin aus Plymouth gestohlen und in ihrer Wohnung bis unter die Decke gestapelt. Beim Versuch, Lisa Harveys Wohnung zu betreten, habe sich die Haustür wegen der Postberge kaum öffnen lassen. München 1979: Ein neunzehnjähriger Briefträger aus München hat 250 Postkarten nicht ausgetragen, weil er Sehnsucht nach fremden Ländern hatte. Er klebte die Karten lieber in sein Album. Der Richter verurteilte ihn zu 1 000 Mark Geldstrafe.

Ein Brief von München nach Mannheim brauchte 156 Tage, vom 30. Januar '89 bis zum 27. Januar '93. Für eine Postkarte von Staffelstein nach Rastatt brauchte die Post 15 Jahre. Sie kassierte 80 Pfennig Nachgebühr, weil die Karte nur mit dem damals gültigen Porto von zehn Pfennigen frankiert war. Eine Postkarte von Berlin nach Berlin benötigte 26 Jahre, um ihr Ziel zu erreichen.

Ein 28 jähriger pensionierter Lehrer in der südwestfranzösischen Stadt Mont-de-Marsan erhielt 1991 einen Brief, den ihm ein Freund am 22. März 1921 aus einem siebzig Kilometer entfernten Dorf geschrieben hatte. Der damals 17-jährige Absender war inzwischen verstorben. Die Post verzichtete auf ein Strafporto, obwohl der Brief nur mit 20 Centimes frankiert war und keine Postleitzahl aufwies.

Fontane hat ein Leben lang Briefe geschrieben, etwa an seine geliebte Tochter Mete, der er wohl näher stand als seiner Frau. Darin gibt er Gesundheitsratschläge, politisiert, philosophiert, erzählt und berichtet, auch von seinen Reiseerlebnissen, etwa von seinem Urlaub in Thale im Harz 1882: *Ich ging nach Suderode, das ich schon vor vier fünf Jahren kennengelernt hatte. Was ich aber bei der Gelegenheit gesehen hatte, konnte das eigentliche Suderode nicht sein, alles hatte zu schmuddlig und zu prosaisch auf mich gewirkt. In Wahlstatt heißt das erste Hotel „Die dreckige Ente", diesen Titel durfte, nach meinem ersten Besuch zu schließen, in Suderode* jedes *Haus führen. Ich wollte drum also recherchieren und in Erfahrung bringen, ob es zwei Suderodes gäbe, ein gewaschnes und ein ungewaschnes.*

WENN DIE BRIEFTRÄGER DOCH EIN GEFÜHL DAVON HÄTTEN, WIE SEHR MAN POST ERWARTEN KANN

Mein Lieblingsbriefwechsel aber fand zwischen einem Paar statt, das neun Jahre lang verlobt, meist voneinander getrennt war und sich zwischen 1777 und 1785 bewegende Briefe schrieb. Er, Heinrich Christian Boie, Zeitschriftenherausgeber und dann auch Landvogt, also Richter, an einigen Orten in Norddeutschland tätig, sie, Luise Justine Mejer, Tochter eines Wirklichen Kriegssecretarius aus Hannover. Als sie dann heirateten, war ihnen nur ein kurzes Eheglück beschieden: Luise starb mit ihrem Kind bei der ersten Entbindung – wie so viele Frauen in früheren Zeiten. So herzlich, so offen, so unbekümmert und so modern habe ich kaum je andere Briefe gelesen.

Boje: *Noch keine Briefe da, und es ist schon zwei! Wenn die Briefträger doch ein Gefühl davon hätten, wie ängstlich man einen Brief erwarten kann!*

Und Luise: *Heute Dich nicht gesehen, lieber Boie. Morgen ist die Reihe an deiner Wise* – also Luise – *die Dich nun auch nicht sehen kann, denn die Amtsmannin H. will mich besuchen und wird spät weggehen. Ich bin grämlich, lieber Junge, nun sind's zehn Tage, dass ich dich nicht gesehen habe – mir ist, als ob ich Dir so viel zu sagen hätte, aber wenn Du kommst, sag ich Dir doch nichts, das weiß ich. Deine Augen sind heute gewiß* so *trübe als das Wetter. Adieu, liebster Boie, ich kann nicht mehr mit Dir plaudern, aber an Dich denken, das kann und will ich.*

ENDE

24. Oktober 2012